西方生命美学经典名著导读丛书

潘知常
主编

生活与生命的变奏

车尔尼雪夫斯基《艺术与现实的审美关系》导读

封孝伦 著

江苏凤凰文艺出版社

图书在版编目（CIP）数据

生活与生命的变奏：车尔尼雪夫斯基《艺术与现实的审美关系》导读 / 封孝伦著. —南京：江苏凤凰文艺出版社，2023.5

（西方生命美学经典名著导读丛书）
ISBN 978-7-5594-7338-7

Ⅰ.①生… Ⅱ.①封… Ⅲ.①车尔尼雪夫斯基(Chernyshervski, Nikolai Gorrilovich 1828—1889)–美学思想–研究 Ⅳ.①B512.44

中国版本图书馆 CIP 数据核字(2022)第 225325 号

生活与生命的变奏：车尔尼雪夫斯基《艺术与现实的审美关系》导读

封孝伦　著

出 版 人	张在健
责任编辑	孙金荣
责任印制	刘　巍
出版发行	江苏凤凰文艺出版社
	南京市中央路 165 号，邮编：210009
网　　址	http://www.jswenyi.com
印　　刷	苏州市越洋印刷有限公司
开　　本	787 毫米×1092 毫米　1/32
印　　张	7.625
字　　数	145 千字
版　　次	2023 年 5 月第 1 版
印　　次	2023 年 5 月第 1 次印刷
书　　号	ISBN 978-7-5594-7338-7
定　　价	45.00 元

江苏凤凰文艺版图书凡印刷、装订错误，可向出版社调换，联系电话 025-83280257

"生命为体,中西为用"

——"西方生命美学经典名著导读丛书"序言

潘知常

众所周知,中国当代的生命美学是改革开放四十年中较早破土而出的美学新探索。从 1985 年开始,迄今已经是第三十六年,已经问世三分之一世纪。

但是,中国当代的生命美学却并不是天外来客、横空出世。我多次说过,在这方面,中国 20 世纪初年从王国维起步的包括鲁迅、宗白华、方东美、朱光潜在内的生命美学探索堪称最早的开拓,源远流长的中国古代美学则当属源头。同时,它与西方 19 世纪上半期到 20 世纪上半期出现的生命美学思潮,更无疑心有灵犀。遗憾的是,这一切却很少有学人去认真考察。例如,李泽厚先生就是几十年一贯制地开口闭口都把生命美学的"生命"贬为"动物的生命"。而且,作为中国当代最为著名的美学大家,后期的他一直生活在美国,不屑于了解中国自古迄今的生命美学也就罢了,但是对于西方的生命美学也始终不屑去了解,实在令人惊叹。

当然,这也并非孤例,例如,德国学者费迪南·费尔曼就发现:"就是在今天,生命哲学对许多人来说仍然是十分可疑的现象:最常听到的批判是生命哲学破坏理性,是非理性主义和早期法西斯主义。"①为此,他更不无痛心地警示:"如果到现在还有人这么想问题,应该说是故意抬高了精神的敌人。"②

一般而言,在西方,对于生命美学的提倡,最早的源头,也许可以追溯到奥古斯丁的《忏悔录》。而在18世纪下半叶,德国浪漫主义美学家奥古斯特·施莱格尔和弗里德里希·施莱格尔兄弟在《关于文学与艺术》和《关于诗的谈话》中则都已经用过"生命哲学"这个概念。而且,小施莱格尔在他的《关于生命哲学的三次讲演》中也提到了生命哲学。当然,按照西方美学史上的通用说法,在西方,到了19世纪上半期,生命美学才开始破土而出。不过,有人仅仅把西方的生命美学称为一个学派,其中包括狄尔泰、齐美尔、柏格森、奥伊肯、怀特海等人,或者,再加上叔本华和尼采。我的意见则完全不然。在我看来,与其把西方生命美学看作一个严格意义上的学派,不如把它看作一个宽泛意义上的思潮。这是因为,在形形色色的西方各家各派里,某些明确提

---

① [德]费迪南·费尔曼:《生命哲学》,李健鸣译,华夏出版社2002年版,第2页。

② [德]费迪南·费尔曼:《生命哲学》,李健鸣译,华夏出版社2002年版,第2页。

及生命美学的美学,其实也并不一定完全具备生命美学的根本特征,而有些并没有明确提及生命美学的美学,却恰恰完全具备了生命美学的根本特征。

这是因为,西方美学,到尼采为止,一共出现过三种美学追问方式:神性的、理性的和生命(感性)的。也就是说,西方曾经借助了三个角度追问审美与艺术的奥秘:以"神性"为视界、以"理性"为视界以及以"生命"为视界。正是从尼采开始,以"神性"为视界的美学终结了,以"理性"为视界的美学也终结了,而以"生命"为视界的美学则正式开始了。具体来说,在美学研究中,过去"至善目的"与神学目的都是理所当然的终点,道德神学与神学道德,以及理性主义的目的论与宗教神学的目的论则是其中的思想轨迹。美学家的工作,就是先以此为基础去解释生存的合理性,然后,再把审美与艺术作为这种解释的附庸,并且规范在神性世界、理性世界内,并赋予其不无屈辱的合法地位。理所当然的,是神学本质或者伦理本质牢牢地规范着审美与艺术的本质。显然,这都是一些神性思维或者"理性思维的英雄们",当然,也正如叔本华这个诚实的欧洲大男孩慨叹的:"最优秀的思想家在这块礁石上垮掉了。"[①]然而,尼采却完

---

① [德]叔本华:《自然界中的意志》,任立等译,商务印书馆1997年版,第146页。

全不同。正如巴雷特发现:"既然诸神已经死去,人就走向了成熟的第一步。""人必须活着而不需要任何宗教的或形而上学的安慰。假若人类的命运肯定要成为无神的,那么,他尼采一定会被选为预言家,成为有勇气的不可缺少的榜样。"[①]尼采指出:审美和艺术的理由再也不能在审美和艺术之外去寻找。这也就是说,神性与理性,过去都曾经一度作为审美与艺术得以存在的理由,可是现在不同了,尼采毅然决然地回到了审美与艺术本身,从审美与艺术本身去解释审美与艺术的合理性,并且把审美与艺术本身作为生命本身,或者,把生命本身看作审美与艺术本身,结论是:真正的审美与艺术就是生命本身。人之为人,以审美与艺术作为生存方式。"生命即审美","审美即生命"。也因此,审美和艺术不需要外在的理由——我说得犀利一点,并且也不需要实践的理由。审美就是审美的理由,艺术就是艺术的理由,犹如生命就是生命的理由。

于是,西方美学家们终于发现:天地人生,审美为大。审美与艺术,就是生命的必然与必需。在审美与艺术中,人类享受了生命,也生成了生命。这样一来,审美活动与生命自身的自组织、自协同的深层关系就被第一次发现了。因

---

① [美]巴雷特:《非理性的人》,杨照明等译,商务印书馆1999年版,第183页。

此，理所当然的是，传统的从神性、理性去解释审美与艺术的角度，也就被置换为从生命的角度。在这里，对于审美与艺术之谜的解答同时就是对于人的生命之谜的解答的觉察，回到生命也就是回到审美与艺术。生命因此而重建，美学也因此而重建。生命，是美学研究的"阿基米德点"，是美学研究的"哥德巴赫猜想"，也是美学研究的"金手指"。从生命出发，就有美学；不从生命出发，就没有美学。它意味着生命之为生命，其实也就是自鼓励、自反馈、自组织、自协同而已，不存在神性的遥控，也不存在理性的制约。美学之为美学，则无非是从生命的自鼓励、自反馈、自组织、自协同入手，为审美与艺术提供答案，也为生命本身提供答案。也许，这就是齐美尔为什么要以"生命"作为核心观念，去概括19世纪末以来的思想演进的深意："在古希腊古典主义者看来，核心观念就是存在的观念，中世纪基督教取而代之，直接把上帝的概念作为全部现实的源泉和目的，文艺复兴以来，这种地位逐渐为自然的概念所占据，17世纪围绕着自然建立起了自己的观念，这在当时实际上是唯一有效的观念。直到这个时代的末期，自我、灵魂的个性才作为一个新的核心观念而出现。不管19世纪的理性主义运动多么丰富多彩，也还是没有发展出一种综合的核心概念。只是到了这个世纪的末叶，一个新的概念才出现：生命的概念被提高到了中心地位，其中关于实在的观念已经同形而上学、心理学、伦理学和美学价值联系起来了。"①

波普尔说过:"我们之中的大多数人不了解在知识前沿发生了什么。"②同样,在我看来,"我们之中的大多数人"也不了解在当代美学研究"知识前沿发生了什么"。可是,倘若从生命美学思潮着眼,却不难发现,在"尼采以后",西方美学始终都在沿袭着"生命"这一主旋律。例如,柏格森、狄尔泰、怀特海等是把美学从生命拓展得更加"顶天",弗洛伊德、荣格等是把美学从生命拓展得更加"立地",海德格尔、萨特、舍勒等是把美学从生命拓展得更加"内向",马尔库塞、阿多诺等是把美学从生命拓展得更加"外向",后现代主义的美学则是把美学从生命拓展得更加"身体"。而且,其中还一以贯之了共同的东西,这就是:从生命存在本身出发而不是从理性或者神性出发去阐释生命存在的意义,并且以审美与艺术作为生命存在的最高境界;或者,把生命还原为审美与艺术,并且进而在此基础上追问生命存在的意义。而在他们之后,诸如贝尔的艺术论、新批评的文本理论、完形心理学美学、卡西尔和苏珊·朗格的符号美学……也都无法离开这一主旋律。而且,正是因为对于这一主旋律的发现才导致了对于审美活动的全新内涵的发现,尤其是对

---

① [德]西美尔(齐美尔):《现代文化的冲突》,引自刘小枫编:《现代性中的审美精神》,学林出版社1997年版,第418—419页。

② [英]波普尔:《客观知识》,舒炜光等译,上海译文出版社1987年版,第102页。

于审美活动的独立性内涵的发现。不可想象,倘若没有这一主旋律的发现,艺术的、形式的发现会从何而来。例如,从美术的角度考察的"有意味的形式",从文学的角度考察的新批评,从形式的表现属性的角度考察的格式塔,从广义的角度即抽象美感与抽象对象考察的符号学美学……

再回看中国。自古以来,儒家有"爱生",道家有"养生",墨家有"利生",佛家有"护生",这是为人们所熟知的。牟宗三在《中国哲学的特质》一书中也指出:"中国哲学以'生命'为中心。儒道两家是中国所固有的。后来加上佛教,亦还是如此。儒释道三教是讲中国哲学所必须首先注意与了解的。二千多年来的发展,中国文化生命的最高层心灵,都是集中在这里表现。对于这方面没有兴趣,便不必讲中国哲学。对于以'生命'为中心的学问没有相应的心灵,当然亦不会了解中国哲学。"也因此,一种有机论的而不是机械论的生命观、非决定论的而不是决定论的生命观,就成为中国人的必然选择。在其中,存在着的是以生命为美,是向美而生,也是因美而在。在中国是没有创世神话的,无非是宇宙天地与人的"块然自生"。一方面,是天地自然生天生地生物的一种自生成、自组织能力,所谓"万类霜天竞自由",另一方面,也是人类对于天地自然生天生地生物的一种自生成、自组织能力的自觉,也就是能够以"仁"为"天地万物之心"。而且,这自觉是在生生世世、永生永远以及有前生、今生、来生看到的万事万物的生生不已与逝逝不已所萌发的"继之者善也,成之者性也""参天地、赞化育"的生命责任,并且不辞以践行这一责任为"仁爱",为终生之旨归,为最高的善,为"天地大美"。这就是所谓"一阴一阳之谓道"。重要的不是"人化自然"的"我生",而是生态平衡的"共生",是"阴阳相生""天地与我并生,而万物与我为一",是敬畏自然、呵护自然,是守于自由而让他物自由。《论语》有言:"子罕言利,与命与仁。"在此,我们也可以变通一下:罕言利,与"生"与"仁"。在中国,宇宙天地与人融合统会为了一个巨大的生命有机体。而天人之所以可以合一,则是因为"生"与"仁"在背后遥相呼应。而且,"生"必然包含着"仁"。生即仁,仁即生。

由此不难想到,海德格尔晚年在回首自己的毕生工作时,曾经简明扼要地总结说:"主要就只是诠释西方哲学。"确实,这就是海德格尔。尽管他是从对西方哲学提出根本疑问来开始自己的独创性的工作的,然而,他的可贵却并不在于推翻了西方哲学,而是恰恰在于以之作为一种极为丰富的精神资源,从而重新阐释西方哲学、复活西方哲学,并且赋予西方哲学以新的生命。显然,中国美学,也同样期待着"诠释"。作为一个内蕴丰富的文本(不只是文献),事实上,中国美学也是一种极为丰富的精神资源,不但千百年来从未枯竭,而且越开掘就越丰富。因此,越是能够回到中国美学的历史源头,就越是能够进入人类的当代世界;越是能够深入中国美学之中,也就越是能够切近20世纪的美学心灵。这样,不难看到,重新阐释中国美学,复活中国美学,并且赋予中国美学以新的生命,或者说,"主要就只是诠释中国美学",无疑也应成为从20世纪初年出发的几代美学学者的根本追求,其重大意义与学术价值,显然无论怎样估价也不会过高。

然而,中国美学的现代诠释,也有其特定的阐释背景。经过百年来的艰难探索,美学学者应该说已经取得了一个共识,这就是:中国美学的历史实际上是一部与后人不断"对话"的历史,一部永无终结的被再"阐释"、再"释义"和再"赋义"的历史。而20世纪的一代又一代的美学学人的"不幸"与"大幸"却又都恰恰在于:西方生命美学思潮的作为诠释背景的出现。一方面,我们已经无法在无视西方生命美学思潮这一诠释背景的前提下与中国美学传统对话,这是我们的"不幸";然而另一方面,我们却又有可能在西方生命美学思潮的诠释背景下与中国美学进行新的对话,有可能通过西方生命美学思潮对中国美学进行再"阐释"、再"释义"和再"赋义"(当然也可以通过中国美学对西方生命美学思潮进行再"阐释"、再"释义"和再"赋义"),从而把中国美学在过去的阐释背景中所无法显现出来的那些新性质充分显现出来,最终围绕着把中国美学与西方美学都共同带入富有成果的相互启发之中这一神圣目标,使中国美学从蒙蔽走向澄明,走向意义彰显和自我启迪,并且使其自身不断向未来敞开,达到古今中外的"视界融合",从而把握今天的时代问题,解释人类的当代世界,这,又是我们的"大幸"!

由此出发,回顾20世纪,其中以西方生命美学思潮作为参照背景对中国美学予以现代诠释,应该说,就是一个最为值得关注而且颇值大力开拓的思路。何况,从王国维到鲁迅、宗白华、方东美,再到当代的众多学人,无疑也都走在这样一条思想的道路之上。他们都是从生命存在本身出发而不是从理性或者神性出发去阐释生命存在的意义,并且以审美与艺术作为生命存在的最高境界;或者,都是把生命还原为审美与艺术,并且进而在此基础上追问生命存在的意义。也因此,他们也都是不约而同地一方面立足于中国古代的生命美学,一方面从西方的生命美学思潮起步。至于朱光潜,在晚年时则曾经公开痛悔,因为他的起步本来就是从叔本华、尼采开始的,但是,后来却因为胆怯,于是才转向了克罗齐。由此,我甚至愿意设想,以朱先生的天赋与造诣,如果始终坚持一开始的选择,不是悄然退却,而是持续从叔本华、尼采奋力开拓,他的美学成就无疑应该会更大。

换言之,"后世相知或有缘"(陈寅恪),"生命为体,中西为用",在中国当代美学的历史抉择中,也就理所当然地成了一条首先亟待考虑的康庄大道。西方生命美学思潮,是西方美学传统的终点,又是西方现代美学的真正起点,既代表着对西方美学传统的彻底反叛,又代表着对中国美学传统的历史回应,这显然就为中西美学间的历史性的邂逅提供了一个契机。抓住这样一个契机——中国美学在新世纪获得新生的一个契机,无疑有助于我们真正理解西方美学传统,也无疑有助于我们真正理解中国美学传统,更无疑有助于我们真正地实现中西美学之间的对话,从而在对话中重建中国美学传统。同时,之所以提出这一课题,还无疑是有鉴于一种对于学术研究自身的深刻反省。学术研究之为学术研究,重要的不仅仅在于要有所为,而且更在于要有所不为。每个时代、每个人都面对着历史的机遇,但是同时也面对着历史的局限,因此,也就都只能执"一管以窥天"。这样,重要的就不是"包打天下",而是敏捷地寻找到自己所最为擅长的"一管",当然也是最为重要的"一管"。西方生命美学思潮的作为阐释背景的出现,应该说,就是这样的"一管"(尽管,这或许是前一百年无法去执而后一百年也许就不必再去执的"一管"),也是我们在跨入新世纪之后所亟待关注的"一管"。这就犹如中国人接受佛教思想的影响,犹如吃了一顿美餐,而且这顿美餐被中国人竟然吃了一千多年之久。其中,最为重要的成果则是佛教思想中的大乘中观学说在中国开出的华严、天台、禅宗等美丽的思想之花。因此,在比拟的意义上,我们甚至可以说,西方生命美学思潮就正是当代的大乘中观学说,也正是悟入中国思想与西方思想之津梁。

这样一来,对于西方生命美学思潮的深入了解,也就成了当务之急。而且,"生命为体,中西为用",进而言之,中国生命美学传统与西方生命美学思潮之间的对话,在我看来,起码就包括三个层面。首先是对于西方生命美学思潮与中国生命美学传统之间的内在的交会、融合、沟通加以历史的考察,亟待说明的是:在明显不同的社会历史、文化传统、思想历程中,西方生命美学思潮何以呈现出与中国生命美学传统的某种极为深刻的内在的交会、融合、沟通?其次是对于西方生命美学思潮与中国生命美学传统之间的内在的交会、融合、沟通加以比较的研究,从而把中国生命美学传统与西方生命美学思潮各自在过去的阐释背景中所无法显现出来的那些新性质充分显现出来,做到:借异质的反照以识其本相,并彰显其独特之处。最后是对于西方生命美学思潮与中国生命美学传统之间的内在的交会、融合、沟通加以理论的考察,并由此入手,去寻求中西美学会通的新的可能性和新的道路,从而深化对于中国美学和西方美学的理解,达到古今中外的"视界融合",以把握今天的时代问题,解释我们的世界,为解决当代美学所面临的共同问题作出独特贡献。

"西方生命美学经典名著导读丛书"的出版之初衷也正是如此!

中国生命美学传统与西方生命美学思潮之间的对话无疑是一个大工程,非一日之功,也不可能毕其功于一役。为此,作为基础性的工程,我们所选择的第一步,是出版"西方生命美学经典名著导读丛书"。这是因为,只有经典名著,才是美学研究中的"热核反应堆",也只有经典名著的学习,才是美学研究中的硬功夫。这就正如费尔巴哈所说:人就是他吃的东西。因此,每个人明天所成为的,其实也就是他今天所吃下的。也犹如布罗姆所说:莎士比亚与经典一起塑造了我们。借助经典名著,中国的美学与西方美学也在一起塑造着我们。它们凝聚而成了我们的美学家谱与心灵密码。在此意义上,任何一个美学学人都只有进入经典名著,才有机会真正生活在历史里,历史也才真正存在于我们的生活里,未来也才向我们走来。

我们的具体的做法,则是选取西方的二十位与西方的生命美学思潮直接相关的著名美学家的经典名著,再聘请国内的二十位对于相关的名家名著素有研究的美学专家,为每一部经典名著都精心撰写一部学术性的导读。我们期待这些美学专家的"导读",能够还原其中的所思所想、原汁原味,能够呈现其中的深度、厚度、广度和温度,并且希望能够跟读者一起去关注这些西方的生命美学经典名著怎样提出问题(美学的根本视界,所谓美学的根本规定)、怎样思考问题(美学的思维模式,所谓美学的心理规定)、怎样规定问题(美学的特定范式,所谓美学的逻辑规定)、怎样解决问题(美学的学科形态,所谓美学的构成规定),也希望能够跟读者一起去关注这些西方的生命美学经典名著是如何去表述自己的问题、如何去论证自己的思考,乃至其中的论证理由是否得当、论证结构是否合理,当然,也还希望跟读者一起去关注这些西方的生命美学经典名著中所蕴含的思想与创见,以及这些思想与创见的价值在当今安在。从而,推动着我们当代的生命美学研究能够真正将自己的思考汇入到人类智慧之流,并且能够做出自己的真正的独创。毕竟,就这些生命美学经典名著本身而言,它们都是所谓的问题之书,也是亘古以来的生命省察的继续。也许,在它们问世和思想的年代,属于它们的时代可能还没有到来。它们杀死了上帝,但却并非恶魔;它们阻击了理性,但也并非另类。它们都是偶像破坏者,但是破坏的目的却并不是希图让自己成为新的偶像。它们无非当时的最最真实的思想,也无非新时代的早产儿。它们给西方传统美学带来的,是前所未有的战栗。在它们看来,敌视生命的西方传统美学已经把生命的源头弄脏了,恢复美学曾经失去了的生命,正是它们的天命。也因此,我们或许可以恰如其分地称它们为:现代美学的真正的诞生地和秘密。在上帝与理性之后,再也没有了救世主,人类将如何自救?既然不再以上帝为本,也不再以理性为本,以人为本的美学也就势必登场。这意味着从"理性的批判"到"文化的批判",也从"纯粹理性批判"到"纯粹非理性批判",显然,这些生命美学经典名著提供的就是这样的一种全新的美学,它们推动着我们去重新构架我们的生命准则,也推动着我们去重新定义我们的审美与艺术。

需要说明的是,长期以来,我们的西方美学研究往往是教材式的、通论式的、概论式的,当然,这对于亟待了解西方美学发展进程的中国当代美学学人来说,也是必要的,但是,其中也难免存在着"几滴牛奶加一杯清水"或者三分材料加七分臆测的困境,更每每事先就潜存着"预设的结论",更不要说那种"狗熊掰棒子,掰一个丢一个"的研究路数或者那种为研究而研究、为课题而研究的研究路数了,那其实已经是学界之耻。至于其中的根本病症,则在于忘记了或者根本就不知道西方美学研究首要去做的必须是"依语以明义",然后,才能够"依义不依语",也因此,长期以来,我们的西方美学研究往往进入不了美学基本理论研究的视野,也无法为美学基本理论研究提供应有的支持。因为我们的西方美学研究与我们的美学基本理论研究基本上就是完全不相关的两张皮,也是两股道上跑的车。这一点,在长期的美学基本理论研究工作中,我有着深刻的体会。值得期待的是,从西方生命美学思潮的经典名著本身的阅读、研读、精读开始,而不是从关于西方生命美学思潮的经典名著的种种通论、概论开始,从"依语以明义"开始,而不是从"依义不依语"开始,也许是一个令人欣慰的尝试。维特根斯坦曾经提示我们:"我发现,在探讨哲理时不断变换姿势很重要,这样可以避免一只脚因站立太久而僵硬。"在此,我们也可以把它作为在美学研究中"不断变换姿势很重要"的一次努力,也作为意在"避免一只脚因站立太久而僵硬"

的一次努力。

"生命为体,中西为用"！在未来的中国当代美学探索中,请允许我们谨以"西方生命美学经典名著导读丛书"的出版去致敬中国当代美学的未来！

是为序！

2021.6.14,端午节,南京卧龙湖,明庐

导读前言

潘知常教授主持编写一套《西方生命美学经典名著导读丛书》，为了支持这个于学科、学界十分有益的学术创举，我不揣浅陋，认领了车尔尼雪夫斯基的《艺术与现实的审美关系》。我喜欢这本著作，因为它曾是我的美学入门书，而且经过多年思考和比较，我认为车尔尼雪夫斯基的"美是生活"的观点是最接近审美实际的。

可是当我开始按主编的要求作阅读准备的时候，我后悔了。一、原著是俄文，我不懂俄文。托朋友从俄罗斯找来了俄文原版，也只借用翻译软件反复比对，心里并不十分踏实。二、原著的哲学指导思想是费尔巴哈的人本主义唯物主义哲学，我对费尔巴哈的哲学知之甚少。为了不出现明显错误，又恶补了费尔巴哈的相关知识。这大大地延缓了交稿时间。而且，学界高手如云，学养深厚者众多，在知识呈爆炸性增长、相关研究书籍汗牛充栋的时代，做一个判断或结论须得博览群书，或深入"田野"，稍有疏忽，保不齐在哪一个环节上开了一字半句"黄腔"，那就误人误己，贻笑大方了。

不过我仍然信守承诺,努力完成。与其说是"导读",不如说是将我的读书心得展示于读者面前,或得商榷,或受批评,这对学科的建设和发展都会是有益的。

车尔尼雪夫斯基的《艺术与现实的审美关系》,我手边有两个翻译本子。一本是周扬翻译的,由人民文学出版社出版,1957年出了第一版,1979年又出了第二版。我找到的是1979年版。另一个是辛未艾翻译的本子,见于上海译文出版社1998年出版的《车尔尼雪夫斯基文学论文选》,这本论文集首篇就是车尔尼雪夫斯基的这篇论著。我主要选择了周扬译本作为我的"导读"本子。周扬的译本译者本人和出版社都做得比较认真。根据人民文学出版社的出版说明,本书中文版原名"生活与美学",是译者最初根据连载于1935年莫斯科出版的英文版《国际文学》第六号到第十号上柯根(S.D.Kogan)的英文转译的,英译就叫"生活与美学"。中译本曾于1942年由延安新华书店出版,1947年和1949年先后由香港海洋书屋、上海群益出版社重印。1957年人民文学出版社第一次出版这本书时,由译者将译文作了一次修改,又由编辑部根据1950年苏联国家文学出版社出版的《车尔尼雪夫斯基选集》将正文加以校订,并将英译本所删略的部分补全。1962年,人民文学出版社又第四次重印。1978年重排时,恢复了原来的书名"艺术与现实的审美关系";正文中的小标题是原译者参照柯根的英译加上的,为便于读者参阅,也仍然保留。可以看出,车尔尼雪夫斯基的这部著作影响广远,译者和出版社多次校订再版,因此,是一部值得信赖的、能充分体现车尔尼雪夫斯基原意的译著。

然而辛未艾先生的译本中有许多信息是研究车尔尼雪夫斯基的美学思想很可宝贵的。他翻译的是俄文原版,他研读了车尔尼雪夫斯基的书写手稿,发现许多地方车尔尼雪夫斯基不但直接点了黑格尔的名,还引述了他的《美学》中的思想内容,但论文修改的过程中车尔尼雪夫斯基的论文导师尼基坚科把它勾掉了。尼基坚科在原稿的两个空白处还特别注明:"黑格尔的哲学滚开!""这种黑格尔精神必须改造,或者彻底取消。"[1]这些重要的内容,我在"导读"过程中也认真作了参考。

另外,辛未艾先生在他的"译后记"里有一段说明,对我的启发很大,可以说对这本"导读"有着至关重要的影响。他说:"在这里似乎应当作一个说明,'生活'一词的俄文为жизнъ,而жизнъ在俄文中却兼有'生命'之义;可是中文的'生活'并不兼具'生命'之义。我们在这些地方,就需要联系作者总的思想、联系上下文来比较正确地理解其实际意义。"[2]这个提示在周扬译本中没有提到,不懂俄文的读者

---

[1] 引自《车尔尼雪夫斯基文学论文选》,辛未艾译,上海译文出版社1998年版,第4页注。
[2] 《车尔尼雪夫斯基文学论文选》,辛未艾译,上海译文出版社1998年版,第848—849页。

也不可能想到。在二十世纪中国的多次美学争论中,肯定"美是生活"论者尽量回避它的"生命"意涵,否定者则以它的"生命"的"生物性""动物性"为依据表示不屑。因此,我们的"导读"对此要作明确的辨析。

由于车尔尼雪夫斯基著作原文并不长,我基本上把其论文的主要内容保留在"导读"中,删除了读者不熟悉,或者删掉了亦不影响原著逻辑和思想原意的文字。我的点评和分析穿插其间,读者有不同意或不理解的,可以同时阅读到车尔尼雪夫斯基论文的周扬译本的原文,以正视听。

封孝伦

2022 年 9 月 30 日

序 言

车尔尼雪夫斯基的美学名著《艺术与现实的审美关系》,对于现代美学理论构建的价值是巨大的,不过它在中国二十世纪后期"实践美学"鼎沸时没有受到应有的重视。他提出了一个迥然不同于流行的黑格尔美学的美本质观点,主张"美是生活"。不管这个观点如何令人耳目一新,由于这篇论文篇幅比较简短,还没能形成较为完备的理论体系,与黑格尔《美学》那样有一个庞大哲学体系支撑的美学理论在体量上就不具有可比性。"美是生活"作为一个比较"单薄"的观点——哪怕是一个重要观点——要挑战一个庞大的理论体系,似乎显得力度不够。而且,这是车尔尼雪夫斯基写的一篇硕士学位论文,在当时俄国的社会文化、意识形态环境和他个人的社会、经济条件下,车尔尼雪夫斯基还来不及对他的这个观点深入思考,做成一个较为完整的理论体系,难以用这样简短的篇幅把批判对象庞大的理论体系的所有环节逐一清理。所以,不少读者在已经熟知并已间接接受和运用"黑格尔美学"的背景下,面对车尔尼雪夫斯基新的美学观,虽然可能眼前一亮,但打量一番,又不屑地一笑,回到原来的理论领地享受尊敬去了。

但是,车尔尼雪夫斯基凭着极大的理论勇气和政治勇气所提出的,确实是一个全新的理论观点。这个观点不是一个细枝末节上的点缀性、精细化、补充性的观点,而是一个可以作为一个新的理论体系的逻辑起点的崭新思想,它的理论张力和学术品质非一般的微末的观点可比。他对这个观点所做的驳论准备和理论证明,真实有力,直指论敌理论核心的软肋。这么些年我们的美学一直走不出黑格尔美学的光晕而发展迟缓,重温车尔尼雪夫斯基的这个观点,看看车尔尼雪夫斯基所言是否真有道理,也许能帮助我们建立起真正解决审美实际问题的美学,建立起真正马克思主义辩证唯物主义的美学。

还有一个让我们未曾足够重视车尔尼雪夫斯基美学的原因,可能是两种语言的"翻译"距离产生的。在俄文中,"生活"的字母拼写是жизнъ,这个单词同时也有"生命"的意思。在俄文里,所谓"生活",就是人的生命的活着。所谓人的"生命",就是生活着的人。读车尔尼雪夫斯基的"美是生活",我们本来也应按照俄语的本义同时想到"美是生命"。可是我们受缚于翻译规则和汉语习惯把"生活"和"生命"这两个词单独使用了。翻译家把它翻成了"美是生活",我们往往局限于汉语中"生活"这个词的本义来理解它。所谓"生活",就是人为了活着所进行的生命活动。我们日常的饮食、游玩、阳光、空气、风花雪月,皆为"生活表象",不会深入想到"生命"本体和本质,这在很大程度影响了对"美是生活"这个思想的理解深度。如果从"生活"下沉到"生命",从 жизнь 这个单词的双重内涵来理解美的本质——即立足于俄文的本意来理解美的本质——既不忘沉甸甸的"生命",又联系生动活泼的"生活"现象,就不会有这样轻飘浅薄,让人怀疑其真理性的感觉了。现在,我们不妨在阅读中把汉语中的这两个词:生活—生命,紧密联系起来体验一下,也许会有新的发现和评价。因此我把本导读的题目称为"生活与生命的变奏"。

车尔尼雪夫斯基为什么会想到用 жизнь(生活—生命)这个词来给美下定义呢?这会不会与他的生活阅历有关,亦会不会与他的思想批判继承有关?我们先看看他的成长经历。

目　录

第一章　车尔尼雪夫斯基生平简介 …………………… 1

第二章　车尔尼雪夫斯基美学的哲学基础 …………… 16

第三章　美是生活 ……………………………………… 32

第四章　美是生活,也是生命 ………………………… 48

第五章　新的美本质定义对流行美学范畴的重新审视
　　　　………………………………………………… 60

第六章　美,普遍存在于现实自然之中 ……………… 91

第七章　艺术是为了弥补自然美的不足而产生的吗?
　　　　………………………………………………… 121

第八章　"美是生活(生命)"对几种典型艺术的甄别
　　　　………………………………………………… 134

第九章　艺术起源的两个目的:再现现实、说明生活
　　　　………………………………………………… 164

第十章　车尔尼雪夫斯基十七条结论 ……………… 193

第十一章　导读结语 ………………………………… 201

附:主要参考书目 ……………………………………… 211

第一章　车尔尼雪夫斯基生平简介[①]

1. 成长,同情农奴,同情穷人

1828年7月24日,尼古拉·加夫里洛维奇·车尔尼雪夫斯基(Николай Гаврилович Черноышевский)诞生在伏尔加河下游的萨拉托夫城。车尔尼雪夫斯基的父亲是位神父,其家庭和睦友爱,虽不富裕,但却吃穿不愁、简朴安宁。

萨拉托夫是个省城,又是港口,经常有拉船的纤夫、码头的搬运工、流浪的手工业者以及小商贩来到这里谋生。他们多半衣衫褴褛,面孔红黑,挤住在低矮简陋的小屋里。有些人还无处安身,沿着伏尔加河岸边艰难跋涉,谋求生路。他们出卖苦力,干重体力活,处境悲惨。这些景象都留存在车尔尼雪夫斯基童年的记忆里。

[①] 本章内容依据周扬译本中《关于车尔尼雪夫斯基和他的美学》一文第二节,但主要采用阎国忠主编《西方著名美学家评传》(安徽教育出版社1991年版)中,安徽大学中文系向光灿撰写的"车尔尼雪夫斯基"对车尔尼雪夫斯基的生平介绍,同时从辛未艾翻译,上海译文出版社1998年版的《车尔尼雪夫斯基文学论文选·译后记》,补充了部分内容。

他不止一次地听说过农奴不堪虐待而打死农奴主的事情,有的农奴逃跑了,被捉住的,遭到残酷镇压。车尔尼雪夫斯基还目睹过大批囚徒从自己家旁边的察里津大街通过,目睹过鞭笞犯人和处决犯人的场面。这些苦难场景产生的心灵撞击,强化了他幼小时具有的善良和悲悯之心,为他后来参加革命,为劳苦人民谋求解放奠定了基础。

车尔尼雪夫斯基很小眼睛就高度近视,和小朋友玩耍时,不捉住对方的手就认不出对方的脸,在陌生人面前显得腼腆和拘谨,性格文静。他很爱读书。他的父亲学识渊博,很有教养,思想比较开明,亲自教导孩子如何学习。家有不少藏书,除宗教书外,也有非宗教方面的书籍,包括语言、哲学、文学、历史等,车尔尼雪夫斯基可以自由地挑选阅读。少年车尔尼雪夫斯基求知欲旺盛,阅读的兴趣十分广泛,有时整天埋在书堆里,自称为"书蠹"。他天资聪颖,学过的东西能牢记不忘,尤其对语言有惊人的天赋,在13—14岁时,已经掌握了希腊语和拉丁语,德语和法语也很不错,并在努力学习波斯语。他热爱文学,阅读了很多古典文学作品,十九世纪俄国伟大作家普希金、莱蒙托夫和果戈理的作品,更是在他心灵上产生了深深的共鸣。他们作品中对俄国农奴制社会真实、生动而深刻的描绘和车尔尼雪夫斯基自己的生活见闻相印证,使他对农奴制度的腐朽和罪恶有了一定的认识,引起他对农奴制和封建专制的厌恶,和对穷苦百姓特别是广大农奴的深深同情。

这种思想倾向，在车尔尼雪夫斯基上教会中学以后有了进一步的发展。他虽然学习成绩优异，表现突出，受到教师的好评和同学的尊重，且有一个令人羡慕的当僧侣的前程，但他对宗教已不感兴趣，却热心于赫尔岑和别林斯基的著作，经常思考的是文学、哲学以及社会平等和人类自由等问题。在征得父亲的同意后，他未等毕业就申请退学，随后前往首都，以优异的成绩考取彼得堡大学哲学系。

2. 上大学，三观形成，倾向革命

车尔尼雪夫斯基的大学生活是在 1847—1850 年。俄国这个时期的特点是：一方面沙皇政府采取高压政策，严格控制和禁锢一切进步的事物和思想；另一方面，随着资本主义经济的发展，农村的不断破产，农民斗争的日益加剧，加深了农奴制的危机。在 1848 年西欧革命浪潮的影响下，俄国的进步知识界，尤其是在大学生中，革命情绪在滋长。彼得堡大学就有著名的解放运动活动家彼得拉谢夫斯基领导的小组在积极活动。车尔尼雪夫斯基跟米哈伊洛夫、洛博多夫斯基、韦坚斯基等具有革命倾向的同学关系密切，他们在一起除讨论文学和哲学问题外，还讨论当前紧迫的社会政治问题。在这些讨论中，车尔尼雪夫斯基的意见鲜明而又尖锐。1848 年冬天，车尔尼雪夫斯基和彼得拉谢夫斯基小组成员哈内科夫结识，这对他世界观的形成有重大影响。哈内科夫思想活跃，性格果断，信念坚定，他向车尔尼雪夫斯基介绍西欧空想社会主义学说，猛烈抨击俄国现实，对车尔尼雪夫斯基有强烈的吸引力。车尔尼雪夫斯基密切关注着西欧革命运动的进程，并从空想社会主义著作中寻求解决俄国社会问题的答案。他在日记中写道："我迫不及待地盼望着临近的革命，我渴望革命"；"在人类最终目的方面，我首先是社会主义者、共产主义者和急进共和主义者们的坚决赞助者"；"为了自己的信仰，我将毫不吝惜自己的生命"。

车尔尼雪夫斯基从赫尔岑和别林斯基的著作中接触过黑格尔哲学。上大学这个时期，正是"黑格尔哲学支配俄国文学界"的时期，他对学习黑格尔哲学也投入过巨大热情。在深入研究黑格尔哲学原著以后，他发现"黑格尔体系已经不适合今天各种知识的情况"。他从哈内科夫那里得到费尔巴哈写作出版的《基督教的本质》一书。阅读费尔巴哈著作使车尔尼雪夫斯基认识到黑格尔哲学体系的根本错误是离开了活生生的现实，于是他对黑格尔哲学采取严厉批判的态度，走向了费尔巴哈的唯物主义。他站在费尔巴哈人本主义唯物主义的立场上观察和分析历史和现实问题，许多用唯心主义观点想不通的问题一下子解决了。他笃信费尔巴哈唯物主义是正确的。

车尔尼雪夫斯基对文学的热衷一如既往。大学时代，他喜爱的文学作品是《当代英雄》和《死魂灵》，爱读狄更斯和乔治·桑的作品。自己还写了一些小说，试图在《祖国纪事》和《现代人》等杂志上发表。在大学毕业前夕,他写了一篇评论冯维辛《旅团长》的论文,已经提出了生活的真实是艺术作品的"艺术美的法则"的看法,他的唯物主义美学观初露端倪。

3. 任教,宣传革命,收获爱情

1850年,车尔尼雪夫斯基在彼得堡大学毕业,回到故乡萨拉托夫中学任教。这位22岁的青年教师,以他广博的学识、新颖的观点、深刻的分析和雄辩的口才,赢得学生的信任、爱戴和尊敬。他在课堂上谴责专制独裁统治,分析农奴制的弊端,揭露政府官吏的腐败,宣传自由、民主和社会平等的思想。

车尔尼雪夫斯基的表现,引起校长梅耶尔的恐慌,他说:"车尔尼雪夫斯基在我这里搞什么样的自由啊!他对学生谈论农奴制的害处。这是自由思想和伏尔泰思想!由于他我会被押到堪察加去的。"

只有在自己的未婚妻华西利耶娃面前,车尔尼雪夫斯基才能够毫无保留地吐露自己的思想而得到理解和支持。华西利耶娃漂亮、勇敢,是医生的女儿。车尔尼雪夫斯基曾对华西利耶娃说:"从我这方面来说,把另一个人的生活同我自己的联结在一起,是卑鄙的,缺德的,因为我不敢相信我能否长久地享受生活和自由。我有着这样的思想倾向,我应该随时等待宪兵光临,把我押到彼得堡,关进要塞里面,谁也不知道要关多久。我在这里所做的事情,使我大有被判苦役的危险,——我在课堂上讲的就是这样的事情。"

"我对于我在周围所见的一切都感到不满。此外,我们国内很快会发生暴动,如果发生了,我一定参加。"

华西利耶娃差不多要笑出来了,觉得这是难以置信的奇谈,"怎么会发生暴动呢?"

"一定会发生暴动。"车尔尼雪夫斯基坚定地说,"人民对政府、捐税、官吏和地主的不满情绪正在不断增长。只要有一个火星,就能使这一切燃烧起来。同时,在知识界,仇视现存制度的人数也在增长。能够引起这场大火的火星也准备好了。如果爆发了革命,我要参加。"又说:"污秽也好,揭竿而起的烂醉的农民也好,杀戮也好,都吓不倒我。"

"也吓不倒我。"她同样坚定地回答。

1853年5月初,车尔尼雪夫斯基在母亲去世后不久,便带着新婚的妻子离开萨拉托夫,再次前往彼得堡。

4. 学位论文,批判唯心主义,引起争议

车尔尼雪夫斯基到达京城后,打算谋得公职,有一个稳定的生活保障。他当时想在大学当教授。做大学教授需要有深厚的学养和较高的学位,于是他一边在武备中学教书,一边积极准备撰写硕士学位论文,他想通过硕士论文答辩后,再撰写博士论文。彼得堡大学教授尼基坚科批准了车尔尼雪夫斯基拟定的硕士学位论文题目。1853年冬天,论

文《艺术与现实的审美关系》顺利地完成了,但不料申请答辩获得批准却拖延了很长的时间。

车尔尼雪夫斯基在大学里就仔细研读了从康德、黑格尔、费肖尔直到费尔巴哈的哲学或美学著作,他决心从唯物主义的立场观点来评论当时流行的美学体系。他就以这个学术思路来撰写他的硕士论文。

尼基坚科教授没有料到车尔尼雪夫斯基会以激进的、批判当时社会仍然很流行的黑格尔的观点来撰写论文。当他仔细阅读了车尔尼雪夫斯基的论文之后,意识到论文的观点与传统的观点是尖锐对立的,他把握不准,不敢把它交给系里,时而借口生病,时而借口忙于其他事务,时而借口某某教授不能参加,拖延了一年时间。在尼基坚科的干预下,车尔尼雪夫斯基不得不做了一些修改。尤其是论文的批判矛头直指黑格尔本人及其唯心主义哲学的地方,都采用了一种不指名的暗示的方法代替,而唯物主义哲学家费尔巴哈的名字更是被严禁提到。

1854年12月21日,车尔尼雪夫斯基接到系主任通知,说学术委员会即将批准打印论文。然而直到1855年5月10日下午,才公开进行论文答辩。校长普列特尼奥夫教授主持答辩,有很多人前来旁听。对于这次答辩,车尔尼雪夫斯基对自己的美学观点理解透彻而且充满信心。舍古诺夫对当时的情景回忆道:"为答辩准备的一间不大的教室被听众挤得水泄不通……车尔尼雪夫斯基答辩时仍和往常一样谦虚,但怀着坚定不移的信心。……答辩后,校长普列特尼奥夫面有愠色地对车尔尼雪夫斯基说:'我在课堂上对你们讲的好像根本不是这些东西!'的确,普列特尼奥夫讲的不是这些,而他所讲的绝不会像这篇论文那样使听众如此兴高采烈。论文里的一切——崭新的思想,有力的论证,朴素的文笔,清晰的阐述——都非常新颖和诱人。不过,这只是听众的看法。普列特尼奥夫校长提完意见后,连通常的祝贺都不表示,论文又被束之高阁。"

车尔尼雪夫斯基这一原来可以排印成二十个印刷页后来压缩到六张半印刷页的论文《艺术与现实的审美关系》,是对当时以黑格尔哲学—美学体系为核心的流行的美学观点的一次严正的挑战。当黑格尔体系已经在美学方面成为绝对权威的时候,一个当时还无人知晓的大学毕业生,竟然大胆提出全面革新美学观念的主张,这可不是一般教学的小事。车尔尼雪夫斯基为了使论文得到通过,尽量使用迂回曲折的笔法、暗示的手法,才能脱颖而出。

车尔尼雪夫斯基所以选中这样的论题,并不是心血来潮,一时冲动,而是出于对现实生活要求的真诚应答。当时的俄国的读者公众早就对那种模仿西欧的描写凶杀或艳情故事的诗歌、小说和戏剧大为不满,他们要求有描写民族生活的、当代现实生活的文艺作品。作为读者公众的代言人的文艺批评家,有责任提出这个问题,并从理论上说明这种要求的合理性和迫切性。但是当时流行的美学或文学理论根本不关心这些问题,而要呼唤表现民族内容、现实生活内容的作品,必须建立新的美学观。

不过,古今同然,即使是正确的、创新的思想,当与拥有话语权力的流行思想——哪怕这流行思想有明显错误——直接对撞的时候,新思想受到压制或冷遇是必然的。虽然这篇著名的美学论文1855年5月在《现代人》上发表,6月在同一刊物上还发表了《艺术与现实的审美关系——作者自评》,但车尔尼雪夫斯基的硕士学位,一直拖了三年,到1858年才得授予。然而此时,有无这学位,在他已经无所谓了。

5. 号召革命,被判苦役、流放

车尔尼雪夫斯基的唯物主义世界观已经形成,这个世界观决定了,在那个时代,他不仅仅只是一个思想新锐的文学批评家、敢于提出创新思想的美学家,他更可能是一个追求新制度、新社会的革命家。

沙皇尼古拉一世于1853年11月1日向土耳其宣战,克里米亚战争正式爆发。沙皇想用对外战争转移国内人民的视线,缓和日益加剧的阶级矛盾,未曾料到战争失败反而激化了国内的阶级矛盾。1855年3月2日,尼古拉一世逝世,亚历山大二世继位。克里米亚战争的失败,充分暴露了"农奴制俄国的腐朽和无能"(列宁语),农民骚动接连不断,反农奴制的情绪迅速蔓延;资本主义经济的发展,要求扫除道路上的主要障碍——农奴制,因此,改革农奴制已成大势所趋。沙皇政府看清了这种形势。1856年,俄军总司令戈尔恰科夫在签订巴黎和约时,劝告沙皇亚历山大二世利用这个机会处理国内事务,"当务之急是要解放农民,因为这是祸根"。怎样解放农民呢?有两种途径:其一,"自上而下"的改革,前提是保存专制政权和地主土地私有制;其二,"自下而上"的革命,消灭农奴制度和推翻沙皇政权。第二种途径必将损害众多当权者、地主、农奴主,以及上流社会既得利益者的利益。沙皇亚历山大二世当然选择第一种途径,以保住他的政权和皇位。

而第二种解放农民的途径,恰好是车尔尼雪夫斯基提出来的。随着国内形势的发展和解放运动的需要,他的研究兴趣已经从美学转移到政治经济学。在这个领域,在当时的俄国,他的研究工作具有开创性,在理论建树和革命实践上都有重要意义,马克思给予了很高的评价。据民粹主义革命家洛帕京回忆,在伦敦期间,马克思不止一次地对他说:"在当代的所有经济学家当中,车尔尼雪夫斯基是唯一真正有独特性的思想家,其余的人充其量只是根据别人的著作进行编纂而已。"

从1857年起,车尔尼雪夫斯基写了一系列关于俄国农村经济和农民问题的文章。在文章中,他描述了农民的经济状况,分析了农村的经济结构,抨击了农奴制的危害,提出了农民新生活的条件。他坚决反对沙皇政府"自上而下"

解放农民的计划,愤怒地揭露其虚伪性和欺骗性,称它是"卑鄙的勾当"。他认为只有用革命的手段消灭地主土地所有制,砸碎农奴制度,才能维护农民的切身利益,使农民获得真正的解放。他号召人民集结在农民革命的旗帜下,进行反对现政权的斗争。他设计了一种方案,就是在农民革命胜利的基础上,通过农民村社过渡到社会主义。

在十九世纪六十年代初的"狂风暴雨"时期,车尔尼雪夫斯基以更多的精力投入革命实践活动,他和许多革命者都有密切联系,尤其和秘密团体"土地与自由"的主要成员联系更多,关心他们的工作,经常提出建议。他还写了《领地农民的同情者向领地农民致意》的传单,号召人民准备斗争,用自己的行动去获得自由。

反动势力把车尔尼雪夫斯基看成危险的敌人,警察早已监视他的行动,有人骂他是"该死的社会主义者",狂热的农奴主在给第三厅的信中要求惩处车尔尼雪夫斯基:"如果你们不把他铲除掉,必定要出事——将发生流血事件——俄国没有他容身的地方……为了天下太平,让我们尽快摆脱车尔尼雪夫斯基这个灾星吧。"

1862年初,农民起义席卷全国,大学生举行罢课和游行示威,沙皇政府对进步和革命力量实行镇压。许多大学生和革命分子被捕。7月7日,车尔尼雪夫斯基的寓所被搜查,他被关在彼得保罗要塞阿列克谢耶夫三角堡一间阴暗潮湿的囚室里,这是关押政府认为是最危险的"犯人"的地方。

车尔尼雪夫斯基有七个月没有同亲人见面,他通过绝食斗争,有十天未进食,终于迫使要塞司令作出让步。1863年2月,妻子第一次探视他。她后来告诉亲朋好友,车尔尼雪夫斯基样子变了,蓄了胡须,非常消瘦,但精神饱满,甚至很高兴。他还开玩笑安慰她,他之所以蹲在要塞,只是因为当局不知道该对他怎么办,抓错了,指控得不到证实,然而却已经声张出去了。他要亲友寄些书籍杂志来。

车尔尼雪夫斯基是位异常勤奋的文字工作者,在要塞极端恶劣的环境中,他撰写政治经济学文章,翻译、创作艺术作品,著名的长篇小说《怎么办?》就是在四个月(1862年12月4日——1863年4月4日)中创作出来的,并很快在《现代人》上发表,产生了轰动效应。

侦察委员会为了给车尔尼雪夫斯基定罪,采取卑鄙伎俩,制造假证明。受第三厅指使,曾经出卖过诗人米哈伊洛夫的奸细符塞伏洛德·柯斯托马罗夫模仿车尔尼雪夫斯基的笔迹伪造了包含反政府内容的信件和手稿。在"审判"中,车尔尼雪夫斯基义正词严,指出"证据"是伪造的。被官方收买的莫斯科市侩雅科夫列夫在作证时,喝得酩酊大醉,非但不能充实柯斯托马罗夫的假供词,反而说出自己是被收买的,使法官们十分难堪。厚颜无耻的枢密院还是给拘禁两年的车尔尼雪夫斯基定了罪判了刑:褫夺公民权,服苦役十四年,终身流放西伯利亚。沙皇在判决书上作了伪善的批示:"照此办理,惟苦役期限减半。"

1864年6月1日,车尔尼雪夫斯基由两名宪兵押送西伯利亚。7月到达伊尔库茨克盐矿服苦役,后转至涅尔琴斯克的卡达亚矿场。这是一个靠近中国的荒僻农村,光秃秃的山,荒无人烟,一派凄凉景象。由于长途跋涉,车尔尼雪夫斯基累坏了,健康遭到严重损坏,得了坏血病和心脏病,无法下井干活,住进卫生院治疗。1865年2月3日,当局才给他去掉镣铐。1866年9月,当局把他从卡达亚矿场转到亚历山大工场。

1871年8月,车尔尼雪夫斯基苦役期满,他希望留在西伯利亚一座大城市居住,好从事他心爱的研究工作。但沙皇政府怕人营救他逃到国外,领导革命,于是把他转移到与世隔绝的维柳伊斯克。这是个雅库特人居住的村庄,城内最大的房子就是监狱,完全没有文化生活,气候寒冷,冰天雪地。车尔尼雪夫斯基在这里被囚禁十二年。

在流放过程中,在难以想象的困难条件下,车尔尼雪夫斯基仍然以顽强的毅力,从事着精神劳动。他计划撰写几部政治经济学、历史学方面的著作,但缺少必要的资料,很难顺利进行,所以他的手稿常常残缺不全,有的写到半句就突然中断,有的被烧掉,天才的思想火花闪烁一下又熄灭了。他写了不少文艺作品,比较完整地保存下来的,只有长篇小说《序幕》。

沙皇政府企图说服车尔尼雪夫斯基请求赦免。1874

年夏,东西伯利亚总督派自己的副官温尼科夫上校专程到维柳伊斯克执行这一使命。当车尔尼雪夫斯基从他手里接过纸条,仔细看过以后,说道:"我为什么请求赦免呢?这是个问题。我以为,我所以被流放,只是因为我的脑子和宪兵长官苏瓦洛夫的脑子构造不一样,难道为此也可以请求饶恕吗?多谢你们费心。我断然拒绝请求赦免。"他保持了一个革命者的崇高气节。

6. "唯物主义哲学家、著作家",病逝

1881年亚历山大二世遇刺身亡,亚历山大三世继位。这位沙皇在1883年"恩准"将车尔尼雪夫斯基迁往阿斯特拉罕。8月底,在宪兵秘密押送下,车尔尼雪夫斯基由冰天雪地的北方苔原维柳伊斯克前往炎热的南方小城阿斯特拉罕。在这座城市居住的六年中,车尔尼雪夫斯基一直受到警察的严密监视,没有行动自由,不能发表文章和作品,但是他仍然顽强地生活着、工作着。二十一年的苦役和流放,尽管严重地损坏了他的健康,但却使他的意志变得更加坚强,尤其是他的大脑仍然充满生机与活力。他在信中说:"我还能成年累月,从早到晚不知疲倦地工作。"他翻译了德国语言学家施拉德的《比较语言学》,卡彭特的《自然的能》,韦伯的《世界史》,撰写了许多论文,包括《艺术与现实的审美关系》第三版序言,还准备担任《俄罗斯思想》的主编。他仍然坚持革命民主主义传统与哲学上的唯物主义。列宁写

道：" 车尔尼雪夫斯基是唯一真正伟大的俄国著作家, 他从五十年代起直到1888年, 始终保持着完整的哲学唯物主义的水平。"

1889年6月, 车尔尼雪夫斯基被允许迁往故乡萨拉托夫, 8月和作家柯罗连科相识。这位作家回忆说："他的谈话显示出和以前一样的智慧, 一样的雄辩, 一样的敏锐。"

10月, 车尔尼雪夫斯基病倒了, 10月29日因脑溢血与世长辞, 时年61岁。

车尔尼雪夫斯基逝世的噩耗震动了全国, 他的葬礼变成群众的游行示威, 无数的人随着灵柩缓缓行进, 灵柩上覆盖着许多城市代表团敬献的花圈缎带, 唁电和唁函从全国各地寄来, 对这位伟大的思想家、革命家和"文学中的普罗米修斯"(普列汉诺夫语)表示深切的哀悼。

第二章　车尔尼雪夫斯基美学的哲学基础

1. 作者"第三版序言"直言

1888年,即车尔尼雪夫斯基逝世前一年,也是这篇美学鸿文问世三十五年后,《艺术与现实的审美关系》将出版第三版,车尔尼雪夫斯基为它写了一篇"序言",直接谈及其指导思想是费尔巴哈的唯物主义、人本主义哲学。遗憾的是当时的检查机关仍然不允许提到费尔巴哈的名字,所以这篇"序言"直到1906年才问世。

他在"序言"里写到了他在读黑格尔著作和费尔巴哈著作时的不同感受:"在原作中,黑格尔与十七世纪的哲学家,甚至烦琐学派,比与黑格尔体系的俄国的解说中的他更为相近。读他的著作是令人厌烦的,因为要形成一种科学的思想方法,读他的著作显然是徒劳。正在那时,费尔巴哈的主要著作之一偶然落到了这个渴望形成这样一种思想方法的青年手里。他成了这位思想家的追随者;他勤勉地再三阅读费尔巴哈的著作,一直到生活上的需要使他不能潜心于科学研究工作的时候。"①

这一段文字,很明确地写出了几层意思:车尔尼雪夫斯基学习黑格尔哲学的目的,是想要寻找一种"科学的思想方法";但是,他觉得是"徒劳"的。而恰逢此时,读到了费尔巴哈新发表的重要著作,他如饥似渴地阅读并全部接受了它,并"一直"运用它以指导自己的"科学研究工作"。

车尔尼雪夫斯基在"序言"中说:开始认识费尔巴哈之后六年——即1853年——他因为生活上的需要写申请学位的论文。他感到,他可以应用费尔巴哈基本思想来解释那些关于艺术,特别是诗歌的概念,这本小书(指这篇学位论文)就是一个应用费尔巴哈的思想来解决美学的基本问题的尝试。他说他决不自以为说出了什么属于他个人的新的意见。他只是希望做一个应用"在美学上的费尔巴哈思想的解说者"。②之所以书中没有提及费尔巴哈和黑格尔的名字,是因为当时的社会文化制度不允许提及。作为批判的标靶,他选择了费肖尔代替黑格尔。"费肖尔的渊博的学术著作《美学,或美的科学》(*Aesthetik, oder Wissenschaft des Schönen*)当时是被认为最好的。费肖尔是黑格尔左派,但是他的名字却没有列入不便提及的名字里面,

---

① 车尔尼雪夫斯基:《艺术与现实的审美关系》,周扬译,人民文学出版社1979年版,"第三版序言"第3—4页。

② 车尔尼雪夫斯基:《艺术与现实的审美关系》,周扬译,人民文学出版社1979年版,"第三版序言"第4页。

因此,作者在觉得必须指出自己所驳难的人来的时候就提到他;并且,当作者需要引用某一为他所驳斥过的美学概念辩护的人的原话时,他就从费肖尔的《美学》中摘录一些。"[1]虽然论思想水平和理论水平,费肖尔比黑格尔差得远,"但是,作者所引用的那些文句,却总是说明黑格尔的思想的。"[2]

到这里,我们明白了,车尔尼雪夫斯基是以费尔巴哈的哲学思想为武器,在反对和批判黑格尔美学思想的基础上,提出了他的美学观的。因此,我们有必要先粗略地了解一下黑格尔和费尔巴哈。

2. 黑格尔哲学—美学

要用简短的语言勾勒出黑格尔哲学的逻辑线很难。黑格尔哲学非常宏大,宏大得我们很难总体地看清楚它的真面目。黑格尔认为,世界的本原是"绝对",他有时把它表述为"绝对精神""精神""理念""概念""上帝"。而"绝对"是一个什么样子,最早存在于何处呢?用唯物主义的思路不可能描述,因为唯物主义认为所谓"本原"——最先存在的那个东西——是客观的,可以感知和测量,进而可以具体描述

---

[1] 车尔尼雪夫斯基:《艺术与现实的审美关系》,周扬译,人民文学出版社 1979 年版,"第三版序言"第 4—5 页。

[2] 车尔尼雪夫斯基:《艺术与现实的审美关系》,周扬译,人民文学出版社 1979 年版,"第三版序言"第 5 页。

的物质的东西。人通过认识它产生思维，在认识过程中所形成的概念、判断、推理，都是从客观存在的事物而来。而唯心主义则可以用"无"来对"绝对"加以描述。通过对"无"的"辩证"解说发展成一个庞大的概念体系。比如，世界的本原首先"绝对"什么都没有，即"无"，然而，没有"有"也就无所谓"无"，这样，从"无"就生出了"有"，从"无"和"有"又生出了"变"，又生出了"量变"和"质变"，等等，最后，演绎出一个庞大的范畴体系。这个范畴体系是一个概念体系、一个精神体系。而整个的自然界，就是这个精神体系的"外化"或"对象化"。自然界里的存在物，就是"绝对精神"体系里的概念的对应物。

奇怪的是，原来的精神体系或者说"绝对精神"是"自由"的，无限的，而自然却是不自由的，自由的精神怎么外化出了不自由的自然呢？这不合逻辑。不，按黑格尔的哲学，它符合"辩证逻辑"，符合事物动态变化、对立统一的逻辑。从"自由"的精神"外化"出了"不自由"的自然之后，还会利用自然中演化的"人"，人的意识和实践，通过创造艺术、宗教崇拜、哲学思辨三个环节，使它"复归"回到"自由的"精神。这样说来，外化出自然，是绝对精神"自由"的表现，利用人创造出艺术、宗教、哲学也是绝对精神"自由"的表现。这个绝对精神的内在本质——自由——一直保持统一不变。黑格尔的整个哲学就是在描述和呈现这个"绝对精神"的存在与特性。用梯利的话说："它的唯一目的和工作在于把自己的本性向自己显示出来,因此绝对精神是自由的和无限的精神。"①

"绝对精神"是一个"复杂万状的全体",英国哲学家罗素分析说:"由于他(黑格尔)早年对神秘主义的兴趣,他保留下来一个信念:分立性是不实在的;依他的见解,世界并不是一些各自完全自立的坚固的单元——不管是原子或灵魂——的集成体。有限事物外观上的自立性,在他看来是幻觉;他主张,除全体而外任何东西都不是根本完全实在的。但是他不把全体想象成单纯的实体,而是想象成一个我们应该称之为有机体的那类复合体系……"②"复杂万状的全体,黑格尔称之为'绝对'。'绝对'是精神的。"③

"黑格尔拒斥唯物主义,唯物主义主张存在着个别的、有限的和坚固的物质微粒,它们以不同的方式被组织,构成了所有事物的全部本质。黑格尔也不接受由古代世界的巴门尼德和近代的斯宾诺莎分别提出的极端的理论,即一切是一,即一个有着各种各样的类型和属性的单一本体。黑格尔将绝对描述为一个动态过程,描述为一个有着诸多部分但是被统一进一个复杂系统的有机体。因而绝对不是某

---

① [美]梯利:《西方哲学史》,葛力译,商务印书馆1995年版,第519页。
② [英]罗素:《西方哲学史》下册,马元德译,商务印书馆1976年版,第276页。
③ [英]罗素:《西方哲学史》下册,马元德译,商务印书馆1976年版,第277页。

种脱离了世界的实体,而就是以一种特殊的方式观察到的世界。"①

正是因为"绝对精神"是一个被他主观设定的"客观"存在的精神概念系统,所以我们把他的唯心主义称为"客观唯心主义"。虽然有简单化的危险,我还是想用一个认真看一下就能明白的图式,把黑格尔的哲学逻辑线勾勒出来:

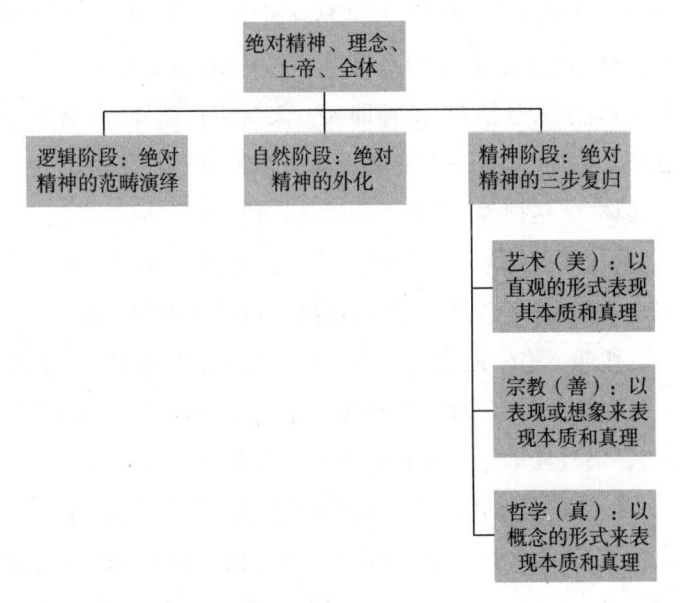

```
                绝对精神、理念、
                  上帝、全体
                      |
   ┌──────────────────┼──────────────────┐
逻辑阶段:绝对      自然阶段:绝对      精神阶段:绝对
精神的范畴演绎      精神的外化          精神的三步复归
                                            |
                                    ┌───────┤
                                    艺术(美):以
                                    直观的形式表现
                                    其本质和真理
                                    
                                    宗教(善):以
                                    表现或想象来表
                                    现本质和真理
                                    
                                    哲学(真):以
                                    概念的形式来表
                                    现本质和真理
```

看图可以明白,黑格尔认为最先存在的是"绝对",他把

---

① [美]撒穆尔·伊诺克·斯通普夫、[美]詹姆斯·菲泽:《西方哲学史》,邓晓芒、匡宏等译,北京联合出版公司2019年版,第342页。

它称为绝对精神、理念、上帝、全体等等。这个"绝对"经过三个阶段向我们呈现。首先是逻辑学阶段，描述这个阶段的是他的《逻辑学》，逻辑学里全是概念的推演，到最后，它要"外化""异化"为自然，于是，"绝对"进入"自然哲学"阶段。描述这个阶段的是他的《自然哲学》，"自然是自我异化的精神"，"自然是作为他在形式中的理念产生出来的。"①"绝对"呈现的第三个阶段是"精神哲学"阶段。这个阶段讨论的核心是人。人虽然是自然界的产物，但黑格尔认为人高于自然，人是精神，精神即人。人高于自然界、动物之处在于，人本质上是一个能够思考自己即具有自我意识的精神实体。"精神哲学"的任务就是描述"绝对"通过自己"外化"为自然后的最高产物——人——通过"意识"、"思维"、概念，回复到自己，自己认识自己，实现"思维"和"存在"同一。按照黑格尔提出的正、反、合的模式，"精神哲学"的发展又被划分为三个阶段，对这三个阶段，黑格尔分别用《美学》、《宗教哲学》和《哲学史讲演录》来描述。

如梯利所描述："绝对精神同样经历三个阶段：显示于艺术、宗教和人类精神、哲学中。绝对精神在艺术中以直观（Ansch auung）的形式来表现它的本质或真理；在宗教中以表象或想象（vorstellung）来表现；在哲学中以概念的形式

---

① 黑格尔：《自然哲学》第 20 页、19 页。转引自冒从虎：《德国古典哲学》，重庆出版社 1984 年版，第 165 页。

或纯粹逻辑思维(Begriff)来表现。精神在完全的自由中来知觉它内在的本质,是艺术;精神虔诚地想象它内在的本质,是宗教;精神在思想上思考和认识它内在的本质,是哲学。……每一种形式都实现于辩证的演化过程中,都有其历史,那就是艺术史、宗教史和哲学史。"[1]

黑格尔的哲学,就是一个呈现"绝对精神"的动态变化,认识"绝对精神"的现象、本质的理论体系。在黑格尔的哲学里,"美"就是艺术,它是"绝对精神"外化为自然之后"复归""绝对精神"的第一个环节,其存在的价值和意义就是"以直观的形式来表现绝对精神的本质"。所以他说,"美就是理念的感性显现。"[2]实际上艺术就是一种特殊的认识方式,我们只要从直观的形式上认识到了绝对精神的自由的存在,这就是美。宗教是引导人"虔诚地想象"绝对精神——上帝——的本质。哲学则是以概念的形式——精神的本来形式——来认识"绝对精神",所以哲学又是"绝对精神"最后"复归自身"。

我们可以发现,在黑格尔的美学中,存在两个与客观历史事实不符的学术漏洞:一、艺术只是一种认识,是对"绝对精神""理念"的一种感性呈现,艺术的最终目的是求真,而不是感动生命的美。因此逻辑上,在黑格尔的美学里,艺术

---

[1] [美]梯利:《西方哲学史》,葛力译,商务印书馆1995年版,第519页。
[2] 黑格尔:《美学》第一卷,朱光潜译,商务印书馆1979年版,第142页。

是会消亡的。只要它完成了它的使命,进入宗教和哲学,由哲学进入更为本象的"绝对精神",实现"复归自身"从而最真实地认识自身,艺术存在的价值就没有了。二、创造美和欣赏美的主体是谁?我们以为,当然是人。但是在黑格尔哲学(美学)的逻辑中,不是"人",而是那个创造了人的"绝对精神"。人作为自然存在物的一种,是"绝对精神"外化的产物。人比其他自然存在物(动物、植物)多出来的东西是人有"意识"、能"实践"。"绝对精神"借助"人"之"意识"和实践,创造出艺术作品,以"显示"并"确证""绝对精神""自由"的特性,它便是"美"。至于这其中是否有"人"的愿望与满足,则不在考虑之列。也因此,"美感"缘何产生?在于"认识",在于"逻辑",在于"确证",而与人的心理、情感体验无关。

正是由于黑格尔美学如上两点不符合艺术与审美的缺陷,导致受其影响的美学总是不能真正地解释人类艺术和审美,不能对艺术和审美产生符合人类审美需要的指导作用。也正因此,车尔尼雪夫斯基的美学应运而生。

3. 费尔巴哈的人类学哲学

费尔巴哈是黑格尔的学生。1823年,费尔巴哈进入海德堡大学学习神学,但神学课程使他感到"难以忍受"。1824年,他决意放弃神学,转到柏林大学去听当时享有盛名的黑格尔哲学讲座。他被黑格尔的哲学吸引住了,在黑格尔的影响下,费尔巴哈在思想上发生了巨大的转变,从一个上帝的崇拜者变成一个理性的崇拜者。

不过他并不是黑格尔的坚定信徒。1828 年,费尔巴哈受聘到爱尔兰根大学任讲师,他开始对黑格尔哲学的根本原则产生了怀疑:"思维对存在的关系怎么样?是不是如同逻辑对自然的关系呢?凭什么理由可以从逻辑的范围转到自然的范围呢?这相互转化的不可避免性和原理又何在呢?"①这算是怀疑到根上了。许多人读黑格尔都会产生这样的疑问,"理念是怎样创造出自然界来的呢?在这个关键问题上,黑格尔除了提出'异化''外化'等等晦涩言词加以搪塞外,没有,实际上也不可能作出任何具体的合理的解答。"②费尔巴哈认为:"逻辑之所以转变为自然,只是因为能思维的人在逻辑之外还遇上了一个与他直接接触的存在,一个自然界,并且由于他直接的亦即自然的观点又不得不承认它。假如没有自然,逻辑这个童贞的处女永不能生出它来。"③就是说,是自然生出了逻辑,而不是"逻辑"生出自然。

认真思考了十多年之后,1839 年,他发表了《黑格尔哲

---

① 《费尔巴哈哲学著作选集》上卷,荣震华、李金山等译,商务印书馆 1984 年版,第 224 页。
② 冒从虎:《德国古典哲学》,重庆出版社 1984 年版,第 166 页。
③ 《费尔巴哈哲学著作选集》上卷,荣震华、李金山等译,商务印书馆 1984 年版,第 224—225 页。

学批判》，宣告了同黑格尔哲学决裂。他发现，黑格尔从根本上颠倒了思维和存在的关系，把思维、理念当作哲学的起点和终点，一辈子在思维、理念中兜圈子。黑格尔所讲的思维和存在的同一，实际上不过是思维和自身的同一。黑格尔哲学是"理性神秘论"，和基督教的精神是一致的。

费尔巴哈在《黑格尔哲学批判》中着重从人与自然的关系，对黑格尔的理路进行了反驳。

一、他强调自然事物的独立存在。黑格尔的逻辑学强调事物之间的联系，一切事物的本质特点，都通过它的对立统一的关系显示出来，因此它不那么强调自然事物的独立性。"黑格尔的体系只知道从属和继承，而不知道任何并列和共存。"[1]他举人和动物为例，"诚然，自然使人成为动物的主宰，但是自然不仅给了人双手来制御动物，而且也给了人眼睛和耳朵来赞赏动物。被无情的手从动物那里夺去的独立性，同情的眼睛和耳朵又把它还给了动物。"[2]费尔巴哈这是说，在黑格尔的哲学里，动物是没有独立性的。但人也是动物，他有独立性。人的独立性证明动物也有独立性。费尔巴哈说："诚然，人是动物的真理，但是假如动物不是独立生存的，难道自然的生命，甚至人的生命能够成为一种完

---

[1] 《费尔巴哈哲学著作选集》上卷，荣震华、李金山等译，商务印书馆1984年版，第46页。

[2] 《费尔巴哈哲学著作选集》上卷，荣震华、李金山等译，商务印书馆1984年版，第46页。

美的生命吗？难道人对动物的关系只是一种专制的关系吗？"[1]"在黑格尔这里，一种特殊的历史现象或存在的整体性、绝对性被当成了宾词，所以作为独立存在的各个发展阶段只具有一种历史的意义，只不过是作为一些影子、一些环节、一些以毒攻毒的点滴而继续存在于绝对阶段中。"[2]就是说，在黑格尔的哲学里，没有独立存在的事物。一切都是有关系的，一切都是一个整体中的局部或部分、一个历史过程中的环节。这其实是对的。但是，在费尔巴哈看来，否定事物存在的相对独立性，也就模糊了事物存在的客观性，实际是唯心主义的一种诡辩。把一切都纳入一种辩证发展的历史关系中，最能够成为"绝对精神"的隐蔽所。

二、他强调"思维"是对"存在"的认识，而不是"存在"是"思维"的"外化"或"对象化"。就是说，是存在决定思维，而不是思维决定存在。我们都知道，黑格尔认为"精神"是"绝对"的，它"外化""异化"出了自然。费尔巴哈则认为，先有自然，才有人，才有人的思维，才有精神。"精神、意识诚然是'作为类而存在的类'，但是个体、精神的器官、头脑不管多么万能，却总是有一个一定的鼻子在它上面，不管是尖的

---

[1] 《费尔巴哈哲学著作选集》上卷，荣震华、李金山等译，商务印书馆1984年版，第46页。

[2] 《费尔巴哈哲学著作选集》上卷，荣震华、李金山等译，商务印书馆1984年版，第47页。

还是塌的,小巧的还是肥大的,长的还是短的,弯的还是直的。一旦进入了空间和时间,就必须受空间和时间的规律支配。限度之神站在世界的进口作为卫兵。自制就是进入世界的条件。凡是成为现实的东西,都只是作为一个一定的东西而成为现实。类在一个个体中得到完满无遗的体现,乃是一件绝对的奇迹,乃是现实界一切规律和原则的勉强取消——实际上,也就是世界的毁灭。"[1]费尔巴哈认为,万能的精神和意识,是人的具有生物特性的大脑面对时间和空间中的自然产生的。它像"鼻子"这样的生理器官一样不可能享有无限的自由。没有大脑、鼻子这样的物质,就不可能有精神。"类",即黑格尔所谓的"总体""全体""绝对",能在一个具体的个体中——哪怕这个个体是处在"思辨的系统哲学的顶峰"的黑格尔——体现出来,也是不可能的。

正是因为强调物质存在的第一性,所以费尔巴哈非常重视自然。费尔巴哈明确说:"哲学是关于真实的、整个的现实界的科学;而现实的总和就是自然(普遍意义的自然)。"[2]"自然不仅建立了平凡的肠胃工场,也建立了头脑的庙堂;它不仅给予我们一条舌头,上面长着一些乳头,与小肠的绒毛相应,而且给予我们两只耳朵,专门欣赏声音的

---

[1] 《费尔巴哈哲学著作选集》上卷,荣震华、李金山等译,商务印书馆1984年版,第48页。

[2] 《费尔巴哈哲学著作选集》上卷,荣震华、李金山等译,商务印书馆1984年版,第84页。

和谐,给予我们两只眼睛,专门欣赏那无私的发光的天体。自然只抗拒幻想的自由,它与合理的自由并不矛盾。我们过多地饮下的每一杯酒,都十分激动地,甚至惊心动魄地证明纵情使血液奔腾,证明希腊人的修养完全是自然意义的。"①人的一切,都是自然给予的。只有立足于自然,哲学才可能揭示真理。

三、正因为他强调存在对思维的决定作用,强调自然的重要性,所以他把"人"的位置提升到黑格尔的"绝对精神"位置。费尔巴哈在《黑格尔哲学批判》中说:"艺术最高的东西是人的形象——(不仅是狭义的形象,而且是诗的意义下的形象)——哲学上最高的东西是人的本质。"②

在与封建专制和神学专制作斗争的启蒙运动为背景的德国古典哲学潮流中,费尔巴哈与黑格尔一样,特别重视"人"的存在和"人"的作用。但是,黑格尔的"人"是精神,是"绝对精神"的化身,也是这个"绝对精神""回归"的使者。而费尔巴哈的"人",是真正自然的产物。1825年他给他的父亲写信说:"我要把大自然,——那怯懦的神学家对它的幽邃感到惊惶失措的大自然——我要把人,就是说把完整无缺的人——不是神学家、解剖学家或法学家而只是哲学

---

① 《费尔巴哈哲学著作选集》上卷,荣震华、李金山等译,商务印书馆1984年版,第84页。
② 《费尔巴哈哲学著作选集》上卷,荣震华、李金山等译,商务印书馆1984年版,第83页。

的对象的人——拥抱在我的怀里。"①

1841年,他出版了他的最有影响力的著作《基督教的本质》。他认为,宗教,特别是基督教的客观本质只不过是人的本质,特别是基督徒的感情,所以神学的本质是人本学。他说:"基督教之基本教条乃是被成全了的心愿——基督教之本质乃是心情之本质。"②神的各种特性:未卜先知、决断未来、善、正义、爱和神圣,实际上这些都是对象化了的人类的特性。他说:"人是宗教的始端,人是宗教的中心点,人是宗教的尽头。"③上帝不过是人类所缺乏的各种完美性的一个虚幻的表象。"只有在人类的痛苦中,上帝才有产生的场所。"④费尔巴哈认为,是人创造了神而不是神创造了人。人根据自身作为自然存在的情感体验创造了神,而不是神——"绝对精神"——把它的概念"对象化"出了人。这是一种逻辑颠覆,是唯物主义对唯心主义的颠倒。

1842年,在《关于哲学改造的临时纲要》中,费尔巴哈

---

① 《费尔巴哈哲学著作选集》上卷,荣震华、李金山等译,商务印书馆1984年版,第223页。
② 《费尔巴哈哲学著作选集》下卷,荣震华、王太庆、刘磊译,商务印书馆1984年版,第174页。
③ 《费尔巴哈哲学著作选集》下卷,荣震华、王太庆、刘磊译,商务印书馆1984年版,第222页。
④ 《费尔巴哈哲学著作选集》下卷,荣震华、王太庆、刘磊译,商务印书馆1984年版,第163页。

更是把人性提高到了诗歌和艺术源泉的高度。费尔巴哈指出:"按照黑格尔,绝对精神是显现或实现在艺术、宗教、哲学中。用直率的话来说,艺术、宗教、哲学的精神就是绝对精神。"①而费尔巴哈认为:"人性的东西就是神圣的东西,有限的东西就是无限的东西;这个果断的、变成有血有肉的意识,乃是一种新的诗歌和艺术的源泉,这种新的诗歌和艺术在雄壮方面、深刻方面、热情方面都要超过以前的一切诗歌和艺术。……痛苦是诗歌的源泉。只有将一件有限事物的损失看成一种无限的损失的人,才具有抒情的热情的力量。只有回忆不复存在的事物时的惨痛激动,才是人类的第一个艺术家和第一个理想家。"②显然,重视人的存在,重视人的情感体验和痛苦,是他思考宗教和哲学问题的核心。他不是用人来证明理念,而是关心人的情感和痛苦。

重视事物的实在性和相对独立性,重视客观自然的第一性,重视人和人性,重视人类情感体验,使得费尔巴哈与黑格尔拉开了明显的距离。这对车尔尼雪夫斯基美学思想的确立,无疑产生了巨大的影响。

---

① 《费尔巴哈哲学著作选集》上卷,荣震华、李金山等译,商务印书馆1984年版,第104页。
② 《费尔巴哈哲学著作选集》上卷,荣震华、李金山等译,商务印书馆1984年版,第106页。

第三章　美是生活

看一下黑格尔"绝对精神""外化"之后"复归"的艺术、宗教、哲学三个环节：宗教环节，费尔巴哈以对宗教的批判颠覆了；哲学环节，马克思以辩证唯物主义批判颠覆了；只有艺术这个环节尚无人提出不同意见，车尔尼雪夫斯基精准地针对这个余下的环节发起了认真的批判。

车尔尼雪夫斯基在论文之始首先交代了他为什么要选择艺术和美学这个课题来做学位论文：

> 作者为什么挑选艺术与现实的审美关系这样一个一般的、广泛的问题做他的研究题目呢？他为什么不像现今大部分人所做的那样，选择某个专门的问题呢？
>
> 作者有无能力处理他所要解决的问题，自然不是他自己所能决定的。但是这个吸引了他的注意的题目，现在是一个完全值得所有那些对美学问题感到兴趣的人，就是说，所有那些对艺术、诗、文学感到兴趣的人注意的题目。
>
> 作者觉得，只有在关于科学的基本问题还不能说

出什么新的根本的东西来的时候,在还没有可能看出科学中的新的思想倾向,而且指出这些倾向发展的大致方向的时候,只有在那些时候来谈科学的基本问题才是无益的。但是,一旦我们的专门科学中基本问题的新观点(译注:指人本主义的唯物主义,作者格于审查条件,未便直说。)的材料已经探究出来,说出这些基本观念就是可能而且必要的了。

尊重现实生活,不信先验的假设,不论那些假设如何为想象所喜欢,——这就是现在科学中的主导倾向的性质。作者觉得假如美学还有谈论的价值的话,我们对美学的信念就应当符合于这一点。①

首先,美学和艺术问题是作者兴趣所在,也是许多对美学感兴趣的人的关注点。其次,他觉得从方法上讲,已经有更好、更新、更正确的研究方法——费尔巴哈人本主义的唯物主义——出来,可以从根本上讨论和解决这些问题了,黑格尔那个貌似宏大而正确的美学体系应该受到挑战了。第三,车尔尼雪夫斯基"觉得从一般的观点来检讨科学的内容有时也是必需的;他觉得虽则搜集和探究事实是重要的,竭力设法了解它们的意义也一样重要。我们大家都承认艺术

---

① 车尔尼雪夫斯基:《艺术与现实的审美关系》,周扬译,人民文学出版社 1979 年版,第 1—2 页。

史,特别是诗歌史具有重大的意义,因此艺术是什么、诗是什么的问题,也不能不具有重大的意义"。① 这里的"一般的观点"是指解释艺术或审美的本质的哲学—美学观点。"科学的内容",即是费尔巴哈的唯物主义哲学。他是要用费尔巴哈理论来重新认识艺术和审美。

在辛未艾译本中,在这一段文字之后,原有一段文字被尼基坚科勾掉了,尼基坚科并在旁边加了两句批注:"黑格尔的哲学滚开!""这种黑格尔精神必须改造,或者彻底取消。"②补录于此,以窥其原貌:

> 美的概念在黑格尔哲学中是这样发展起来的:宇宙生命就是绝对观念的体现过程。宇宙只是在其整个空间及其存在的全部时间里才是绝对观念的完全体现;可是在某一个空间和时间上都受到局限的事物中,绝对观念就绝对不会得到完全的体现。绝对观念一经体现,就分解为特定观念的链条;而反过来说,每一个特定观念也只有在绝对观念所包罗的无限众多的事物或实体中才能完全体现,但是绝对不可能在一种个别

---

① 车尔尼雪夫斯基:《艺术与现实的审美关系》,周扬译,人民文学出版社1979年版,第2页。
② 引自《车尔尼雪夫斯基文学论文选》,辛未艾译,上海译文出版社1998年版,第4页。

事物身上得到完全体现。①

在这段话中,车尔尼雪夫斯基指出:在黑格尔的哲学中,世界的本原是"绝对观念",为了证明它的存在和自由,它必须从概念的出发点"外化""对象化"出客观世界。然后经过艺术对个别特定事物的描绘、宗教的类型化、哲学的抽象化这三个步骤重新呈现为绝对概念,即"复归"本宗,充分体现了"绝对观念"的无限和自由。而那个描绘了特定事物的艺术,既显现为事物的物象,又体现了"绝对观念"的"链条"的一个环节,就是美。所以黑格尔说:美是理念的感性显现。车尔尼雪夫斯基在原稿写的这段话就是简要地勾画了黑格尔思想的脉络,同时又指出"绝对观念""绝对不可能在一种个别事物身上得到完全体现"。也就是说,黑格尔的那个美学观点不能成立。

车尔尼雪夫斯基指出,按照黑格尔美学的逻辑,"在一般人心目中,为空间时间所限制的个别事物完全吻合于它的概念,似乎某一特定的观念完全体现在这个事物上,而一般的观念又完全体现在这特定的观念上。"车尔尼雪夫斯基指出:"对事物的这种看法是一种假象(ist ein Schein),因为一个观念决不会完全显现在个别事物上;……这个以为观

---

① 引自《车尔尼雪夫斯基文学论文选》,辛未艾译,上海译文出版社1998年版,第4页。

念完全显现在个别事物上的、本身包含着真实的假象,就是美(das Schöne)。"①显然,这是车尔尼雪夫斯基所不能同意的。

在他的著作中,针对黑格尔的美学观点,"美是在有限的显现形式中的观念;美是被视为观念之纯粹表现的个别的感性对象,因此在观念中没有一样东西不是感性地显现在这个别的对象上,而在个别的感性对象中,又没有一样东西不是观念的纯粹表现。从这方面说,个别的对象就叫形象(das Bild)。这样,美就是观念与形象之完全的吻合,完全的统一。"②车尔尼雪夫斯基指出:

第一,黑格尔的美学观必然导致美的消失。他说:"我不必去说,这种基本概念现在已被公认是经不起批评的;我也不必去说,既然美只是由于未受哲学思想启发、缺乏洞察力而发生的'假象',有了哲学思想,观念在个别对象上的显现之貌似的完全就会消失,结果思想发展得愈高,美也消失得愈多,直至我们达到思想发展的最高点,那就只剩下真实,无美可言了;我也不想用事实去推翻这一点:实际上人的思想的发展毫不破坏他的美的感觉;这一切都是早已反

---

① 车尔尼雪夫斯基:《艺术与现实的审美关系》,周扬译,人民文学出版社1979年版,第3页。
② 车尔尼雪夫斯基:《艺术与现实的审美关系》,周扬译,人民文学出版社1979年版,第3页。

复申说过的。"①

第二,典型论难以成立。

> "一件事物如果能够完全表现出该事物的观念来,它就是美的,"——翻译成普通话,就是说,"凡是出类拔萃的东西,在同类中无与伦比的东西,就是美的。"一件东西必须出类拔萃,方才称得上美,这是千真万确的。比方一座森林可能是美的,但它必须是"好的"森林,树木高大,矗立而茂密,一句话,一座出色的森林;布满残枝断梗,树木枯萎、低矮而又疏落的森林是不能算美的。玫瑰是美的;但也只有"好的"、鲜嫩艳丽、花瓣盛开时的玫瑰才是美的。总而言之,一切美的东西都是出类拔萃的东西。②

这个理论表述非常像我们上个世纪四十年代提出的"美是典型"理论。似乎车尔尼雪夫斯基同意这种理论。不过他话锋一转:"但并非所有出类拔萃的东西都是美的;一只田鼠也许是田鼠类中的出色的标本,但却绝不会显得

---

① 车尔尼雪夫斯基:《艺术与现实的审美关系》,周扬译,人民文学出版社 1979 年版,第 3 页。
② 车尔尼雪夫斯基:《艺术与现实的审美关系》,周扬译,人民文学出版社 1979 年版,第 4 页。

'美';对于大多数的两栖类、许多的鱼类,甚至许多的鸟类都可以这样说:这一类动物对于自然科学家越好,就是说,它的观念表现在它身上愈完全,从美学的观点看来就愈丑。沼泽在它的同类中愈好,从美学方面来看就愈丑。并不是每件出类拔萃的东西都是美的;因为并不是一切种类的东西都美。美是个别事物和它的观念之完全吻合,这个定义是太空泛了。它只说明在那类能够达到美的事物和现象中间,只有其中最好的事物和现象才似乎是美的;但是它并没有说明为什么事物和现象的类别本身分成两种,一种是美的,另一种在我们看来一点也不美。"[1]车尔尼雪夫斯基接着说:

> 这个定义也太狭隘。"任何东西,凡是完全体现了那一种类的观念的,就显得美,"这意思也就是说:"美的事物一定要包含所有在同类事物中堪称为好的东西;在同类事物中所能找到的任何好的东西,没有不包含在美的事物中的。"在有些自然领域内,同一种类的东西中没有多种多样的典型,对于这些领域内的美的事物和现象,我们确是这样要求的。例如,橡树只能有一种美的性质:它必须干高叶茂;这些特性总是呈现在

---

[1] 车尔尼雪夫斯基:《艺术与现实的审美关系》,周扬译,人民文学出版社1979年版,第4页。

美的橡树上,在其他的橡树上再没有别的好东西。可是在动物里面,一当它们被养驯的时候,同一种类中间就表现出多种多样的典型来了。①

在人身上,这种美的典型的多样性更加显著,我们简直不能设想人类美的一切色调都凝聚在一个人身上。②

第三,黑格尔美学把"美好地描绘一个面孔"和"描绘一个美丽的面孔"混为一谈。

"所谓美就是观念在个别事物上的完全的显现,"这个说法决不能算是美的定义。③

常被认为和上面的说法一致,实际上却有完全不同意义的另一个说法是:"美是观念与形象的统一,观念与形象的完全融合。"这个说法确实说出了一个根本

---

① 车尔尼雪夫斯基:《艺术与现实的审美关系》,周扬译,人民文学出版社 1979 年版,第 4—5 页。
② 车尔尼雪夫斯基:《艺术与现实的审美关系》,周扬译,人民文学出版社 1979 年版,第 5 页。
③ 车尔尼雪夫斯基:《艺术与现实的审美关系》,周扬译,人民文学出版社 1979 年版,第 5 页。

的特征——然而不是一般的美的观念的特征,而是所谓"精美的作品"即艺术作品的美的观念的特征:只有当艺术家在他的作品里传达出了他所要传达的一切时,他的艺术作品才是真正美的。这是当然的,只有当画家完全描绘出了他所要描绘的人时,他所作的画像才是好的。但是"美好地描绘一副面孔",和"描绘一副美好的面孔"是两件全然不同的事。当我们给艺术的本质下定义时,我们还得说到艺术作品的这个特性。在这里我以为需要指出一点:认为美就是观念与形象的统一这个定义,它所注意的不是活生生的自然美,而是美的艺术作品,在这个定义里,已经包含了通常视艺术美胜于活生生的现实中的美的那种美学倾向的萌芽或结果。[1]

这里说,艺术作品其实有两种类型,一种是"美好地描绘一副面孔",一种是"描绘一副美好的面孔"。前一种类型强调"描绘"而不是"对象"的美丑,后一种类型则强调对象的美丑。黑格尔的理论没有区别这两者,车尔尼雪夫斯基则聪明地把这两者区分开来,他就是要强调对象的美丑对艺术作品美丑的影响,他的论文的目的就是要辨析艺术创

---

[1] 车尔尼雪夫斯基:《艺术与现实的审美关系》,周扬译,人民文学出版社 1979 年版,第 5 页。

作与所描绘对象的关系。这也跟随出另一个问题：艺术作品、对象这二者谁决定谁、谁更美的问题，亦即艺术美与自然美孰更美的问题。

黑格尔就认为艺术美比自然美高。他所说的"美"基本就是指的"艺术"美。黑格尔曾说："根据'艺术的哲学'这个名称，我们就把自然美除开了。"① "我们可以肯定地说，艺术美高于自然。因为艺术美是由心灵产生和再生的美，心灵和它的产品比自然和它的现象高多少，艺术美也就比自然美高多少。"② "像太阳这种自然物，对它本身是无足轻重的，它本身不是自由的，没有自意识的；我们只就它和其它事物的必然关系来看待它，并不把它作为独立自为的东西来看待，这就是，不把它作为美的东西来看待。"③太阳由于没有"自意识"，所以不把它作为美的东西来看待。在黑格尔看来，对象美与不美，就看它是不是"自由的"。自然不可能有自由，因此不能算美。黑格尔认为，"只有心灵才是真实的，只有心灵才涵盖一切，所以一切美只有在涉及这较高境界而且由这较高境界产生出来时，才真正是美的。"④车尔尼雪夫斯基强烈反对这种唯心主义观点。差不多在这一整篇论文中，他都在反对黑格尔的这个观点。他强调自然

---

① 黑格尔：《美学》第一卷，朱光潜译，商务印书馆1979年版，第4页。
② 黑格尔：《美学》第一卷，朱光潜译，商务印书馆1979年版，第4页。
③ 黑格尔：《美学》第一卷，朱光潜译，商务印书馆1979年版，第4—5页。
④ 黑格尔：《美学》第一卷，朱光潜译，商务印书馆1979年版，第5页。

美高于艺术美。这又走向了极端,过犹不及。说"自然美高于艺术美"或者说"艺术美高于自然美",都是偏颇的。

车尔尼雪夫斯基经过一番驳论,自然来到了他想要表述的那个"美"的跟前。

> 那末美实际上到底是什么呢,假如不能把它定义为"观念与形象的统一"或"观念在个别事物上的完全的显现"?①

> 美的事物在人心中所唤起的感觉,是类似我们当着亲爱的人的面前时洋溢于我们心中的那种愉悦(作者原注:我是说那在本质上就是美的东西,而不是因为美丽地被表现在艺术中所以才美的东西;我是说美的事物和现象,而不是它们在艺术作品中的美的表现,一件艺术作品,虽然以它的艺术的成就引起美的快感,却可以因为那被描写的事物的本质而唤起痛苦甚至憎恶。)。我们无私地爱美,我们欣赏它,喜欢它,如同喜欢我们亲爱的人一样。由此可知,美包含着一种可爱的、为我们的心所宝贵的东西。但是这个"东西"一定是一个无所不包、能够采取最多种多样的形式、最富于

---

① 车尔尼雪夫斯基:《艺术与现实的审美关系》,周扬译,人民文学出版社1979年版,第5页。

一般性的东西;因为只有最多种多样的对象,彼此毫不相干的事物,我们才会觉得是美的。①

阅读这段原著文字绝不能忽略那段"作者原注"。"本质上就是美的东西",与表现在艺术作品中所以才美的东西是有区别的。表现在艺术作品中的事物,可以使人产生快感,也可能引起痛苦甚至憎恶。车尔尼雪夫斯基所要追寻和揭示的,就是"本质上就是美的东西"。

在看到车尔尼雪夫斯基的这段论述时,感到如此生动、准确、在理,比起那些让我们冰冷、理智,却不知所云的本质论,我们不由得心生认同。这与我们中国人比喻美的对象引起的快感所采用的比喻项不同。中国人往往采用"味",即吃的感觉来比喻美,如津津有味、味同嚼蜡、韵味、意味等等。西方人却喜欢用"爱""可爱""亲爱",用女性的特征来形容,如曲线,小、圆、柔、滑、细等等。车尔尼雪夫斯基讲美感"类似我们当着亲爱的人的面前时洋溢于我们心中的那种愉悦"。同时,在这里,车尔尼雪夫斯基明确地分清楚了,被描述对象和描述本身是有区别的,客观对象的美和艺术作品的美是有区别的,艺术作品的美不能掩盖艺术作品中所描述对象的丑。逻辑上很清楚。接着是一段最为精彩的

---

① 车尔尼雪夫斯基:《艺术与现实的审美关系》,周扬译,人民文学出版社 1979 年版,第 6 页。

论述：

> 在人觉得可爱的一切东西中最有一般性的,他觉得世界上最可爱的,就是生活;首先是他愿意过的、他所喜爱的那种生活;其次是任何一种生活,因为活着到底比不活好:但凡活的东西在本性上就恐惧死亡,惧怕不活,而爱活。所以,这样一个定义:
> "美是生活";
> "任何事物,凡是我们在那里面看得见依照我们的理解应当如此的生活,那就是美的;任何东西,凡是显示出生活或者使我们想起生活的,那就是美的。"[1]

车尔尼雪夫斯基的这个对美本质的定义,总让我感觉到"美本质"问题到他这里已经基本解决了。即使是在我们经历了"美是典型""美是主客观关系""美是人的本质力量对象化""美是自由的形式""美是自由的象征""美是和谐"等响彻中国美学界几十年的著名定义之后,我们仍然觉得车尔尼雪夫斯基的这个美本质定义最为鲜活、生动、准确且让我们心服认同。

特别是,周扬对这个美本质定义的格言式翻译,大大提

---

[1] 车尔尼雪夫斯基:《艺术与现实的审美关系》,周扬译,人民文学出版社1979年版,第6页。

高了它在中国读者中的接受度。

首先,"美"是人"觉得可爱"的东西。而人"最可爱的"是生活。虽然有不同类型、不同层次的生活,但只要是"生活",都是可爱的。所以,"愿意过的生活"是美的,"喜爱的生活"是美的;甚至"任何一种生活"都是美的。"活"是根本,因为"活着"比"不活"好。这后一句说的是"生命"了。结论是:美是生活。

第二,上升到一般性、普遍性上来认识:"任何事物,凡是我们在那里面看得见依照我们的理解应当如此的生活,那就是美的"。这一句讲现实自然存在的美。太阳、月亮、森林、河流、美人、劳作、娱乐等等,都是生活中应有之物,所以是美的。"任何东西,凡是显示出生活或者使我们想起生活的,那就是美的。"这一句讲艺术美。艺术美不是显示"概念",而是显示"生活",使我们"想起生活",它才是美的。

车尔尼雪夫斯基的这个定义,包含了三个方面的因素:人、对象(任何事物、任何东西)、"美的感觉"(看得见、依照理解应当如此、想起)。三个因素,缺一不可能产生美。主体是人,不是神,不是抽象的概念,也不是人之外的别的动物。因此,这个定义既不是一个纯客体规定,也不是一个纯主体规定,而是一个"关系规定"。一经确立,它同时规定了美的三要素:主体人,客体人或事物,审美关系和美感。

按照我们过去"大讨论"中的"常识",说到人,这不是"唯心主义"吗?"依照我们的理解应当如此",这不是主观决定客观吗？这与黑格尔有何区别？

完全不同。黑格尔讲"理念显现"，这个理念是预设的、"绝对的"。这个理念的"无限"和"自由"决定了艺术要通过人的精神的"无限"和"自由"来表现。只有充分显现了精神的"无限"和"自由"，艺术才可能是美的。

车尔尼雪夫斯基的定义中，人是现实自然中存在的人。这个定义中的"人"，不是黑格尔所说的那种淹没于无穷关系中的"绝对精神"的代言符号，而是费尔巴哈所说的生活于现实自然中的相对独立的具体的个人。他可以是不同阶级的人（劳动者，或是上流社会中的人），只要这个人从对象上看到了他所"愿意过的"或"喜爱的"生活，这对象对于这个人就是美的。而"人的生活"，是人的生命在现实自然中谋求生存和延续的活动，也是客观存在的。"应当如此"的生活内容和生活样式，是人在现实自然中自然形成并被大脑所认知和记忆的，不是"绝对精神"预设的。物质决定精神，人的生活产生对生活的记忆，这是唯物主义逻辑。作为审美对象的"任何事物"，更是客观存在的。客观存在的人，客观存在的人的生活，决定客观存在的事物的美与丑，这是典型的唯物主义逻辑。

还有一点值得注意。黑格尔的定义：形象与概念相符，便是美。这是一个认识论定义。而车尔尼雪夫斯基的定义，对象美与不美，依据人的生活、生命的需要及其满足而定。符合并能满足人的生活、生命需要的，是美的。人的

"愿意"度、"喜爱"度愈高,对象愈是美。这是一种价值判断。认识论定义的逻辑终极点,当认识的方式和工具变化或上升后,肩负认识使命的美和艺术必然消失。而价值论定义的逻辑则是,只要人的生命与生活存在,满足人的生命和生活需要的美和艺术就永远存在。

车尔尼雪夫斯基的这个定义在二十世纪中国受到了几个方面的批评:一、认为车尔尼雪夫斯基受费尔巴哈人道主义的深刻影响,而费尔巴哈的"机械的唯物主义"是马克思批判过的,因此车尔尼雪夫斯基的理论肯定达不到马克思主义美学水平,可以不予重视。二、认为车尔尼雪夫斯基对"生活"的理解仍未摆脱生物学的意义,往往将生活解释为低级意义上的"生命"状态。这与学界权威们从康德、黑格尔继承来的重视"精神"、轻视物质,重视"自由"、否定物质功利目的的美学建构路线大相径庭。三、认为车尔尼雪夫斯基对人的"社会性"重视不够。

第四章　美是生活，也是生命

　　读到这里，我觉得有必要把我们误解了——或者说忽略了——的车尔尼雪夫斯基美学思想中有重要价值的生命美学思想，凸显出来，以校正和补充我们过去对车尔尼雪夫斯基定义的认识。按汉语的习惯，"生活"与"生命"是两个不同的概念。其词义内涵有明显的区别。"生活：人或生物为生存和发展而进行的各种活动。""生命：由核酸和蛋白质等物质组成的生物体呈现的生理过程。新陈代谢和自我复制是最基本的生命现象。"[1]仅仅说"生活"不说"生命"，车尔尼雪夫斯基中的某些论述就真会有逻辑问题，从而降低了他的思想的严密性。

　　今天重读车尔尼雪夫斯基的论文，借此机会查阅了俄文原版和有关费尔巴哈的著作，我们感觉以上的批评有点简单化了。首先，车尔尼雪夫斯基接受并运用费尔巴哈的唯物主义批判黑格尔的客观唯心主义，这与马克思是一致的。不同的是，马克思吸收了黑格尔的辩证法，而车尔尼雪

---

[1] 《新华词典》，商务印书馆2001年修订版，第877页。

夫斯基却与费尔巴哈一样，批判唯心主义的同时，也把辩证法丢掉了。但他的理论硬核是对的，我们只需要用辩证法对其进行改造就行了，不能全盘否定。其次，"生活"，俄文жизнь，也有"生命"的意思。这与周扬首次翻译所依据的英语是一样的，life，既可以说是生活，也可以说是生命。"美是生活"，翻成俄文是：Красота-это жизнь。"美是生命"，翻成俄文也是：Красота-это жизнь。车尔尼雪夫斯基1853年的论文原文表达"美是生活"用的是"Прекрасное естъ жизнъ"。[①] "Прекрасно"，这个词的汉译为"非常美、非常好、很红"，比起"Красота"，美的层级似乎更强，而且也更注重内容的善。关键是，在俄文里，所谓"生活"，就是生命的活着。所谓"生命"，就是生活着的人、动物或植物。俄文里的 жизнъ，指的是正常的、健康的、发育良好的"生命"，也指生命的生存活动。读车尔尼雪夫斯基的"Прекрасное естъ жизнъ"，我们可以理解为"美是生活"，但也应同时想到："美是生命"。有的地方——或多数地方——汉译为"生活"非常贴切，但为了维持翻译用词的统一性，一味把 жизнь 解读为汉语的"生活"，渐渐淡忘了"生命"的意涵，有

---

① Н. Г. УЕРНЫШЕВСКИЙ 《ЭСТЕТИУЕСКИЕ ОТНОШЕНИЯ ИСКУССТВА К ДЕЙСТВИТЕЛЬНОСТИ》ГОСУЛАРСТВЕННОЕ ИЗЛАТЕПЬСТВО ХУДОЖЕСТВЕННОИ ЛИТЕРАТУРЫ МОСКВА 1955（车尔尼雪夫斯基《艺术与现实的审美关系》，莫斯科国家文学艺术出版社1955年版），第10页。

的地方就难以说通,还只能解读为"生命"逻辑上才是通的。比如:

> 在普通人民看来,"美好的生活"、"应当如此的生活"就是吃得饱,住得好,睡眠充足;但是在农民,"生活"这个概念同时总是包括劳动的概念在内:生活而不劳动是不可能的,而且也是叫人烦闷的。辛勤劳动,却不致令人精疲力竭那样一种富足生活的结果,使青年农民或农家少女都有非常鲜嫩红润的面色——这照普通人民的理解,就是美的第一个条件。丰衣足食而又辛勤劳动,因此农家少女体格健壮,长得很结实,——这也是乡下美人的必要条件。"弱不禁风"的上流社会美人在乡下人看来是断然"不漂亮的",甚至给他不愉快的印象,因为他一向认为"消瘦"不是疾病就是"苦命"的结果。但是劳动不会使人发胖:假如一个农家少女长得很胖,这就是一种疾病,体格"虚弱"的标志,人民认为过分肥胖是个缺点;乡下美人因为辛勤劳动,所以不能有纤细的手足,——在我们的民歌里是不歌咏这种美的属性的。总之,民歌中关于美人的描写,没有一个美的特征不是表现着旺盛的健康和均衡的体格,而这永远是生活富足而又经常地、认真地,但并不过度地劳动的结果。上流社会的美人就完全不同了:她的历代祖先都是不靠双手劳动而生活过来的;由于无所

事事的生活,血液很少流到四肢去;手足的筋肉一代弱似一代,骨骼也愈来愈小;而其必然的结果是纤细的手足——社会的上层阶级觉得唯一值得过的生活,即没有体力劳动的生活的标志;假如上流社会的妇女大手大脚,这不是她长得不好就是她并非出自名门望族的标志。因为同样的理由,上流社会美人的耳朵必须是小的。偏头痛,如所周知,是一种有趣的病,——而且不是没有原因的:由于无所事事,血液停留在中枢器官里,流到脑里去;神经系统由于整个身体的衰弱,本来就很容易受刺激;这一切的不可避免的结果就是经常的头痛和各种神经的疾病;有什么办法!连疾病也成了一件有趣的、几乎是可羡慕的事情,既然它是我们所喜欢的那种生活方式的结果。不错,健康在人的心目中永远不会失去它的价值,因为如果不健康,就是大富大贵,穷奢极侈,也生活得不好受,——所以红润的脸色和饱满的精神对于上流社会的人也仍旧是有魅力的;但是病态、柔弱、萎顿、慵倦,在他们心目中也有美的价值,只要那是奢侈的无所事事的生活的结果。苍白、慵倦、病态对于上流社会的人还有另外的意义:农民寻求休息和安静,而有教养的上流社会的人们,他们不知有物质的缺乏,也不知有肉体的疲劳,却反而因为无所事事和没有物质的忧虑而常常百无聊赖,寻求"强烈的感觉、激动、热情",这些东西能赋与他们那本来很单调的、没有色彩的上流社会生活以色彩、多样性和魅力。但是强烈的感觉和炽烈的热情很快会使人憔悴：他怎能不为美人的慵倦和苍白所迷惑呢，既然慵倦和苍白是她"生活了很多"的标志？①

"鲜嫩红润的面色""旺盛的健康和均衡的体格""生活富足而又经常地、认真地，但并不过度地劳动"，是劳动人民的美。"病态、柔弱、萎顿、慵倦"是上流社会美人的标志。这一段文字，既描写了"生活"，也描写了"生命"。劳动是"生活"，"不靠双手劳动"也是一种"生活"。人的红润与苍白、健壮与羸弱就是"生命"。不同的生命状态是不同的生活经历造成的。因此这些内容译成"生活"问题不大。而下面的内容，就有斟酌和辨析的必要了：

> 大家都会指出，一个人的丑陋，是由于那个人的外形难看——"长得难看"。我们知道得很清楚：畸形是疾病或意外之灾的结果，人在发育初期格外容易为灾病所毁损。假使说生活（жизнь）和它的显现是美，那末，很自然的，疾病和它的结果就是丑。但是一个长得难看的人也是畸形的，只是程度较轻，而"长得难看"的

---

① 车尔尼雪夫斯基：《艺术与现实的审美关系》，周扬译，人民文学出版社1979年版，第7—8页。

52

原因也和造成畸形的原因相同,不过是程度较轻而已。假如一个人生来就是驼背,这是在他刚刚发育时不幸的境遇的结果;但是佝偻也是一种驼背,只是程度较轻,而原因则是一样。总之,长得丑的人在某种程度上都是畸形的人;他的外形所表现的不是生活(жизнъ),不是良好的发育,而是发育不良,境遇不顺。现在我们从外形的一般轮廓转移到面部来吧。面容的不美或者是由于它本身,或者是由于它的表情。我们不喜欢"凶恶的"、"令人不快的"面部表情,因为凶恶是毒害我们的生活(жизнъ)的毒药。但是面容的"丑"多半不是由于表情,而是由于轮廓的本身:面部的骨骼构造不好,脆骨和筋肉在发育中多少带有畸形的烙印,这就是说,这个人的初期发育是在不顺的境遇中进行的,在这样的情形下,面部轮廓总是丑的。[①]

这里所言,就主要讲的是"生命"——健康的、正常发育的生命。假如硬要保持汉语翻译的统一性,理解并且译为"生活",那么,造成"畸形""发育不良"的生活不是"生活"? 说"美是生活",这里成了生活也产生丑。这不是对原定义

[①] 车尔尼雪夫斯基:《艺术与现实的审美关系》,周扬译,人民文学出版社1979年版,第9页。

的否定吗？下面这一段更强调了健康的生命、身体的美：

根本无需详加证明：在人看来，动物界的美都表现着人类关于清新刚健的生活（жизнь）的概念。在哺乳动物身上——我们的眼睛几乎总是把它们的身体和人的外形相比的，——人觉得美的是圆圆的身段、丰满和壮健；动作的优雅显得美，因为只有"身体长得好看"的生物，也就是那能使我们想起长得好看的人而不是畸形的人的生物，它的动作才是优雅的。显得丑的是一切"笨拙的"东西，也就是，在某种程度上，依照处处寻找和人的相似之处的我们的概念看来是畸形的东西。鳄鱼、壁虎、乌龟的形状使人想起哺乳动物——但却是那种奇形怪状的可笑的哺乳动物；因此壁虎和乌龟是令人讨厌的。蛙的形状就使人不愉快，何况这种动物身上还覆盖着尸体上常有的那种冰冷的黏液；因此蛙就变得更加讨厌了。

同时，也无需详说：对于植物，我们喜欢色彩的新鲜、茂盛和形状的多样，因为那显示着力量横溢的蓬勃的生命（жизнь）。凋萎的植物是不好的；缺少生命液的植物也是不好的。

此外，动物的声音和动作使我们想起人类的声音和动作来；在某种程度上，植物的响声、树枝的摇荡、树叶的经常摆动,都使我们想起人类的生活(жизнъ)来,——这些就是我们觉得动植物界美的另一个根源;生气蓬勃的风景也是美的。①

很显然,不论是动物界,还是植物界,它们的美,是因为使我们想到了人类的生命,它们的丑也是因为以人类健康的、发育良好的、充满生命活力的"活的"生命为参照。我们注意到,有一个地方,译者聪明地把 жизнъ 译成了"生命",即植物的"蓬勃的生命"。如果仍然译成"蓬勃的生活",就不通了。车尔尼雪夫斯基说:"美是生活(жизнъ),首先是使我们想起人以及人类生活的那种生活(жизнъ),——这个思想,我以为无需从自然界的各个领域来详细探究,因为构成自然界的美是使我们想起人来(或者,预示人格)的东西,自然界的美的事物,只有作为人的一种暗示才有美的意义。所以,既经指出人身上的美就是生活(жизнъ),那就无需再来证明在现实的一切其他领域内的美也是生活(жизнъ),那些领域内的美只是因为当作人和人的生活(жизнъ)中的美的一种暗示,这才在人看来是美的。"②在这

---

① 车尔尼雪夫斯基:《艺术与现实的审美关系》,周扬译,人民文学出版社 1979 年版,第 9—10 页。

② 车尔尼雪夫斯基:《艺术与现实的审美关系》,周扬译,人民文学出版社 1979 年版,第 10 页。

段重要的文字里,我们把 жизнъ 均翻译为生命,其实也都是说得通也更加符合车尔尼雪夫斯基的思想实际的。

现在,我们再回过头来看看车尔尼雪夫斯基对美的那段精彩的定义,看有没有新的认识:

> 在人觉得可爱的一切东西中最有一般性的,他觉得世界上最可爱的,就是生活;首先是他愿意过的、他所喜爱的那种生活;其次是任何一种生活,因为活着到底比不活好:但凡活的东西在本性上就恐惧死亡,惧怕不活,而爱活。所以,这样一个定义:
> "美是生活";
> "任何事物,凡是我们在那里面看得见依照我们的理解应当如此的生活,那就是美的;任何东西,凡是显示出生活或者使我们想起生活的,那就是美的。"[①]

第一段的中间一句,"其次是任何一种生活"中的"生活",翻译成"生命"是不是更好?因为紧跟着的"活着比不活好""恐惧死亡"讲的就是生命。第三段中的后半句中的"生活",翻译成"生命"似乎更好。即:凡是显示生命或者使

---

① 车尔尼雪夫斯基:《艺术与现实的审美关系》,周扬译,人民文学出版社 1979 年版,第 6 页。

我们想起生命的,那就是美的。中间那四个字"美是生活",我们也应该同时想到:"美是生命"。结合车尔尼雪夫斯基论文内容,这里的"生命",是指健康的、正常的、发育良好的人的生命,而不是畸形的、残缺的生命。

这里就产生一个问题,即车尔尼雪夫斯基讲的"生活"与"生命",似乎就是物质性的生活和生物性的生命。这与我们长期崇奉的康德的美的精神的纯粹性、黑格尔的美的精神的绝对性相距太远,与我们一直鄙夷的动物性靠得太近或简直没有区别,这合乎"人性"吗?中国二十世纪中期的美学讨论中就有人提出:"'生活'在他那里,基本上仍是一个抽象、空洞、非社会历史的人类学的自然人的'生命'概念"。① 言下之意就是说,车尔尼雪夫斯基所说的"生活"多半还是动物性的,不符合"人性"的。他认为,"人性是否就是吃饭、睡觉、饮食男女呢?现在我国以及西方常有人把人性等同于这种动物性或人类的某些原始的情欲,认为人性复归就是回到这些东西。这是我不同意的。人性恰恰应该是区别于动物而为人所特有的性质或本质,这才叫人性。这种人性或人的本质在阶级社会中被严重异化了。正是这种异化,使人性沦为动物性。"② 这个观点不但拉旗作皮、影

---

① 李泽厚:《美学论集》,上海文艺出版社1980年版,第29页。
② 李泽厚:《哲学美学文选》,湖南人民出版社1985年版,第149页。

响巨大,而且得到很多人认同。依据这个观点,车尔尼雪夫斯基所说的"生活"与"生命",不过就是一种动物性。他的美学,被认为是一种"无人"的美学。①

但是,这个看法显然不符合唯物辩证法。人来源于动物,必然继承了动物性。在动物性的基础上,进化、发展出了动物所没有的特性,如许多人所说的"精神性"、"社会性"或"理性"。这时,人是不是就把动物性"抛弃"了呢?没有,他只是"扬弃"了动物性。所谓"扬弃",就是既克服又保留。克服其片面性,保留其合理性。在人身上,只讲动物性,是片面的。但动物性在整个人性结构中,与其他特性相结合、相融合而发生作用,其存在就是完全合理的,也是无法回避的。它是人性的一部分,是整个人性的基石,为人性提供动力和目标。没有人性中的动物性,人性也就不成其为人性。这时的所谓"人性"就变成没有根、没有目标、没有内容和意义的抽象的存在。如果说车尔尼雪夫斯基的"生活"与"生命",着重的是物质性和生物性的话,它正是紧紧抓住了人性的根本,找准了"人性"生成的第一逻辑起点。这是车氏理论的硬核,即使似乎暂时存在着一定偏颇和片面,也能从这个硬核上生发出完整的"生活""生命"理论来。如果剥除

---

① 参阅刘悦笛:《从"美是生活"到"生活美学":当代中国美学发展的一条主流线索》,广州大学学报社科版 2019-10-04。

了这个硬核,不但所有的生命活动——包括审美活动——没有了目标和方向,而且美感的产生,也失去了依据。

所以批评车尔尼雪夫斯基的美学是"无人美学"这种说法,貌似正确,实际却是谬误。全人类数十亿人——包括持论者自己——其生命活动的大部分时间都在为满足这个所谓"动物性"的需要而操劳。直面它、立足于它讨论审美问题,怎么就成了"无人美学"呢?难道论者自己也怀疑自己作为"人"的类属性吗?[①]

[①] 到2006年,李泽厚终于还是自己用"吃饭哲学"把这个观点改正过来了:"不要以为我讲吃饭哲学就是吃米饭、馒头这种意思嘛,我就是要用'吃饭哲学'这种似乎'粗鄙''庸俗'的词语,来刺激那些专讲精神性的'生命哲学''灵魂超越'但蔑视物质生活的哲学家美学家们。""什么是人性?人性有时候好像是动物性,有时是超乎动物性的。到底什么是人性,我觉得这个概念非常不清晰。我的看法是,人性不是动物性,但离不开动物性,人的身体所表现出的生理方面的功能,就是动物性的;但是,由于文化的原因,使人的身体结构上升到文化心理结构,这就是人性,我称之为'人性能力'。"(《李泽厚近年答问录》,天津社会科学院出版社2006年版,第51页。)

第五章　新的美本质定义对流行美学范畴的重新审视

如果说"美是生活""美是生命"的话,如何来认识丑、崇高(悲剧)、滑稽等等不同的审美类型呢?——要把黑格尔美学思想批得彻底,要让新的美本质理论真正得以确立,这些问题是无法回避的。

一、丑是生活的灾难和身体的畸形

车尔尼雪夫斯基首先审视的是"丑"。他主要是从"美是生命"的角度来讨论"丑"。

丑是美的反面。如果说美是人的正常、健康、发育良好、生机勃勃的生命,那么"丑"就是"畸形"。

> 畸形是疾病或意外之灾的结果,人在发育初期格外容易为灾病所毁损。假使说生活(жизнъ)和它的显现是美,那末,很自然的,疾病和它的结果就是丑。但是一个长得难看的人也是畸形的,只是程度较轻而已。一个人生来就是驼背,这是在他刚刚发育时不幸的境

遇的结果；佝偻也是一种驼背。……总之，长得丑的人在某种程度上都是畸形的人；他的外形所表现的不是生活（жизнъ），不是良好的发育，而是发育不良，境遇不顺。……面容的"丑"多半不是由于表情，而是由于轮廓的本身：面部的骨骼构造不好，脆骨和筋肉在发育中多少带有畸形的烙印，这就是说，这个人的初期发育是在不顺的境遇中进行的，在这样的情形下，面部轮廓总是丑的。①

自然界的美丑也是依据人的生命作为参照来做判断的。他说："在哺乳动物身上——我们的眼睛几乎总是把它们的身体和人的外形相比的，——人觉得美的是圆圆的身段、丰满和壮健；动作的优雅显得美，因为只有'身体长得好看'的生物，也就是那能使我们想起长得好看的人而不是畸形的人的生物，它的动作才是优雅的。"②

  显得丑的是一切"笨拙"的东西，也就是，在某种程度上，依照处处寻找和人的相似之处的我们的概念看来是畸形的东西。鳄鱼、壁虎、乌龟的形状使人想起哺

---

① 车尔尼雪夫斯基：《艺术与现实的审美关系》，周扬译，人民文学出版社1979年版，第9页。
② 车尔尼雪夫斯基：《艺术与现实的审美关系》，周扬译，人民文学出版社1979年版，第9—10页。

乳动物——但却是那种奇形怪状的可笑的哺乳动物；因此壁虎和乌龟是令人讨厌的。蛙的形状就使人不愉快，何况这种动物身上还覆盖着尸体上常有的那种冰冷的黏液；因此蛙就变得更加讨厌了。

……对于植物，我们喜欢色彩的新鲜、茂盛和形状的多样，因为那显示着力量横溢的蓬勃的生命。凋萎的植物是不好的；缺少生命液的植物也是不好的。①

在车尔尼雪夫斯基看来，一切不符合于人类生命正常发育发展的，是畸形，是丑的。

二、崇高即"伟大"，属于艺术的一类而不是"美"的一类

黑格尔美学是从"观念与形象的关系"来解释美、崇高和滑稽，车尔尼雪夫斯基是从生活与生命的角度来认识美的诸问题，他如何看待和解说崇高与滑稽的呢？

在流行的美学体系中，崇高与滑稽同样被认为是美的变种，由于美的两个要素，观念与形象之间的不同的关系而产生。观念与形象的纯粹的统一就是所谓

---

① 车尔尼雪夫斯基：《艺术与现实的审美关系》，周扬译，人民文学出版社1979年版，第10页。

美;但是观念与形象之间并不总是均衡的:有时观念占优势,把它的全体性、无限性对我们显示出来,把我们带入绝对观念的领域、无限的领域,——这叫做崇高(das Erchabene);有时形象占优势,歪曲了观念,这就叫做滑稽(das Komische)。①

车尔尼雪夫斯基讨论的重点在"崇高",所以他在这里用了较长的篇幅。他认为:

> 观念压倒形式得不出崇高的概念的本身,而只能得出"蒙眬的、模糊的"概念和"丑"(das Hässliche)的概念;同时"崇高的东西就是能在我们内心唤起(或者,自行显现)'无限'的观念的东西"这个公式,又是崇高本身的定义。因此,必须把这两条定义分别加以研究。②

首先,从"观念压倒形式"只能得出蒙眬、模糊和丑的角度,他指出:"丑和模糊的这两个概念都与崇高的概念完全不同。……并不是每一种崇高的东西都具有丑或蒙眬模糊

---

① 车尔尼雪夫斯基:《艺术与现实的审美关系》,周扬译,人民文学出版社 1979 年版,第 12 页。
② 车尔尼雪夫斯基:《艺术与现实的审美关系》,周扬译,人民文学出版社 1979 年版,第 13 页。

的特点,丑的或模糊的东西也不一定带有崇高的性质。"①他认为:"崇高的秘密不在于'观念压倒现象',而在于现象本身的性质;只有那被毁灭的现象本身的伟大,才能使它的毁灭成为崇高。由于内在力量压倒它的暂时显现而发生的毁灭的本身,还不能算崇高的标准。'观念压倒形式'最显明地表现在这个现象上面:正在茁长的嫩芽会冲破那产生它的种子的外壳;但是这决不能算是一种崇高的现象。"②

这里他提出了"消极的崇高"和"积极的崇高"的概念。他把黑格尔的"观念压倒形式"的一类情况解释为"内部发展的力量的过剩而灭亡"的崇高,称之为"消极的崇高",因为它是通过"观念压倒形式"的手段加强了崇高的效果。只有那种不通过任何手段,本身就显得崇高的对象,才是"积极的崇高":

> "观念压倒形式",即对象本身由于在它内部发展的力量的过剩而灭亡,这是所谓的崇高的消极形式有别于它的积极形式的地方。对的,消极的崇高高于积极的崇高;因为我们不能不同意,"观念压倒形式"足以

---

① 车尔尼雪夫斯基:《艺术与现实的审美关系》,周扬译,人民文学出版社1979年版,第13页。
② 车尔尼雪夫斯基:《艺术与现实的审美关系》,周扬译,人民文学出版社1979年版,第14页。

加强崇高的效果,正如同崇高的效果可以由许多其他的情形来加强一样,比如,把崇高的现象孤立起来(空旷的草原上的金字塔比在许多宏大的建筑物中的金字塔要雄伟得多;在高山丛中是连它的雄伟都会消失的);不过加强效果的环境并不是效果本身的根源,而且在积极的崇高中又常常不是观念压倒形式,力量压倒现象。这方面的例证在任何一本美学读本里都可以找到许多。[1]

车尔尼雪夫斯基在这里提出一个对崇高的新的定义:伟大对象的毁灭才是崇高,"观念压倒形式"不一定是崇高。充其量它可能是"消极的崇高",而那些自身就高大而雄伟的对象,是"积极的崇高",但他承认,"消极的崇高"高于"积极的崇高"。"因为我们不能不同意,'观念压倒形式'足以加强崇高的效果。"

他进一步批判黑格尔崇高观念的另一个表达,它被看成是黑格尔崇高观念的"精髓":

"崇高是'无限'的观念的显现",或者用普通的话来表现这个哲学公式:"凡能在我们内心唤起'无限'的

---

[1] 车尔尼雪夫斯基:《艺术与现实的审美关系》,周扬译,人民文学出版社1979年版,第14页。

观念的,便是崇高。"即使随意浏览一下最近美学中关于崇高的论述,我们就会相信,这一个崇高的定义是流行的崇高的概念的精髓。不仅如此,认为崇高的现象在人内心唤起"无限"的感觉这个思想,也支配着不懂精密科学的人们的概念;很难找到一本书不表现这个思想的,只要有一个哪怕是不相干的借口,就要把它表现出来;几乎所有壮丽风景的描绘,所有叙述可怕事件的故事,都要涉及或应用它。[①]

"无限"的观念,在黑格尔的美学中是很重要的,几乎就等同于"自由"的观念。他说:"美本身却是无限的,自由的。美的内容固然可以是特殊的,因而是有局限的,但是这种内容在它的客观存在中却必须显现为无限的整体,为自由,因为美通体是这样的概念:这概念并不超越它的客观存在而和它处于片面的有限的抽象的对立,而是与它的客观存在融合成为一体,由于这种本身固有的统一和完整,它本身就是无限的。此外,概念既然灌注生气于它的客观存在,它在这种客观存在里面就是自由的,像在自己家里一样。"[②] 车尔尼雪夫斯基可以说是抓住了黑格尔理论的要害。他说:

---

① 车尔尼雪夫斯基:《艺术与现实的审美关系》,周扬译,人民文学出版社1979年版,第14—15页。
② 黑格尔:《美学》第一卷,朱光潜译,商务印书馆1979年版,第143页。

即使不作形而上学的讨论,我们也可以从事实中看出,"无限"的观念,不论怎样理解它,并不一定是,或者说得更正确些,几乎从来不是,与崇高的观念相联系的。假如我们严格而公正地考察一下当我们观察崇高的事物时所得的体验,我们就会相信:第一,我们觉得崇高的是事物本身,而不是这事物所唤起的任何思想;例如,卡兹别克山的本身是雄伟的,大海的本身是雄伟的,……当然,在观察一个崇高的对象时,各种思想会在我们的脑子里发生,加强我们所得到的印象;但是这些思想发生与否都是偶然的事情,而那对象不管怎样仍然是崇高的;……所以即使我们同意,对崇高事物的默想常常会引到"无限"的观念,但崇高——它产生这种思想,而不是由这思想所产生的,——对我们发生作用的原因,不是这个思想,却是其他的什么东西。[①]

这是对于观念与对象关系的唯物主义解释。崇高是事物本身,而不是它所要表现的被称作"无限"的思想。这是对黑格尔精神决定物质关系的再颠倒。

可是,当我们研究我们对崇高的东西的概念时,我

[①] 车尔尼雪夫斯基:《艺术与现实的审美关系》,周扬译,人民文学出版社1979年版,第15—16页。

们发现,第二,我们觉得崇高的东西常常决不是无限的,而是完全和无限的观念相反。例如勃兰克峰或卡兹别克山是崇高的、雄伟的东西,可是决不会有人想到这些山是无限的或大到不可测量的,因为这和他亲眼看到的相反。见不到海岸的时候,海好像是无边无际的;可是所有的美学家都肯定说(而且说得完全正确),看见岸比看不见岸的时候,海看起来更雄伟得多。那末,这个事实说明了崇高的观念不但不是由无限的观念所唤起的,反而或许是(而且常常是)和无限的观念相矛盾,"无限"的条件或许反而不利于崇高所产生的印象。[①]

把崇高论的立足点从可以"无限"的"绝对精神"移至客体对象之后,"无限"这个魔咒法贴就自然从崇高上脱落了。崇高不是"无限"观念的体现。那么,如何认识唤起崇高的"恐怖"感呢? 车尔尼雪夫斯基认为,恐怖不一定引起崇高感。

> 这回是说:"崇高是可怕的、恐怖的。"就让我们来探究一下这个确实可以在美学中找到的"自然力的崇

[①] 车尔尼雪夫斯基:《艺术与现实的审美关系》,周扬译,人民文学出版社1979年版,第16页。

高"的定义吧。可怕的事物常常是崇高的,这固然不错;但也不一定如此:响尾蛇比狮子还要可怕,但是它的可怕只是令人讨厌,并不崇高。可怕的感觉也许会加强崇高的感觉,但是可怕和崇高却是两个完全不同的概念。①

崇高在自然还是人自身?车尔尼雪夫斯基注意到了这一点:

> 人们可能说:"真正崇高的东西不在自然界,而在人的本身;"我们就同意这一点吧,虽则自然界也有许多真正崇高的东西。但是为什么"无限的"爱或"毁灭一切的愤怒"在我们看来是"崇高"的呢?难道因为这些情绪的力量是"不可制服的",而"'无限'的观念便是由这不可制服性所唤起的"吗?②

这里是进一步批驳黑格尔的崇高表现"无限"的观点。我们知道,古罗马时期朗吉弩斯首提"崇高风格",那是一种写作风格,甚至可以说是一种修辞手法,还不是近现代意

---

① 车尔尼雪夫斯基:《艺术与现实的审美关系》,周扬译,人民文学出版社 1979 年版,第 17 页。
② 车尔尼雪夫斯基:《艺术与现实的审美关系》,周扬译,人民文学出版社 1979 年版,第 17 页。

上的崇高。十八世纪英国美学家博克,认为"崇高"不同于优美的"小、圆、柔、滑、细",是能够凭借其形状先引起恐怖,后产生美感的对象。康德在他的《判断力批判》里认为,崇高并不在对象上面,而只在我们的心情里,因为我们意识到自己比内在自然和外在自然都较优越才有崇高感。一个无比庞大或有力的自然对象,我们在它面前感到渺小,然而由于我们处于安全境地,它无论怎样巨大或强大也不能对我们奈何。且我们知道我们最终能够战胜它。它越是强大,也就越能够垫衬我们的更加强大。经过这样的心理转换,对象就被认为是崇高。实际上,是人自己感受到崇高,只是我们把这崇高转移到对象之上。对此黑格尔深表认同。不过他把康德的"人对于自然的优越"变成了"绝对精神"的优越,变成"绝对精神的'无限'与艺术形象的有限之间的冲突"。黑格尔认为:"崇高一般是一种表达无限的企图,而在现象领域里又找不到一个恰好能表达无限的对象。无限,正因为它是从客观事物的复合整体中作为无形可见的意义而抽绎出来的,并且变成内在的,按照它的无限性,就是不可表达的,超越出通过有限事物的表达形式的。"[①]有限的物体表现无限的意义产生的尖锐冲突形成了崇高。车尔尼雪夫斯基是不同意上述所有观点的,不过他主要针对的是黑格尔的学说。

---

① 黑格尔:《美学》第二卷,朱光潜译,商务印书馆 1979 年版,第 79 页。

因此，我们很难同意"崇高是观念压倒形式"或者"崇高的本质在于能唤起'无限'的观念"。那末，到底什么是崇高呢？有一条很简单的崇高的定义，似乎能完全包括而且充分说明一切属于这个领域内的现象。

"一件事物较之与它相比的一切事物要巨大得多，那便是崇高"。"一件东西在量上大大超过我们拿来和它相比的东西，那便是崇高的东西；一种现象较之我们拿来和它相比的其他现象都强有力得多，那便是崇高的现象。"①

"更大得多，更强得多，"——这就是崇高的显著特点。②

像给美下定义一样，他采用相同的语言形式给崇高下了定义。他甚至把情感的强烈，也视为"崇高"。车尔尼雪夫斯基并不把崇高视为一种美，他认为崇高，只是艺术的一种类型。他用比较方法来描述崇高的本质和特点，举具体的事例是生动精彩的，也有一定的说服力，但是一旦变成抽象的哲学概述，便出现逻辑上的问题："一件事物较之与它

---

① 车尔尼雪夫斯基：《艺术与现实的审美关系》，周扬译，人民文学出版社1979年版，第18页。
② 车尔尼雪夫斯基：《艺术与现实的审美关系》，周扬译，人民文学出版社1979年版，第19页。

相比的一切事物要大得多,那便是崇高。"一、用以比较的对象可大可小,甚至可以小到微小、极小,用小的事物作比,得不出崇高。比如我们用一棵盆景里的小树与自然里的一棵树比,就不会有崇高的感觉。二、如果用"一切事物"作比较,那么,崇高便只有一项。山,全世界只有一座山是崇高的;河,全世界只一条河是崇高的。这样的结论显然是不对的。如果他用"人的生命力"和"人的把握掌控能力"作为比较项,或者用人对对象的"常识"作比较项,可能更合理一些,也符合他对美的定义。

车尔尼雪夫斯基为什么这么比较呢? 一、他想强调美与崇高都是客观事物本身的特点,它"离开人而独立",与人的主观观念无关。二、他想否定"崇高"与"无限"的关联。如果能用"量"的比较来说明,那就是有限的。因此他认为:说"崇高"不如说"伟大"。

> 应当补充说,与其用"崇高"(das Erchabene)这个名词,倒不如说"伟大"(das Grosse)更平易、更有特色和更好些。凯撒、美立亚斯并不是崇高的而是伟大的性格。道德的崇高只不过是一般伟大性的特殊的一种而已。[①]

[①] 车尔尼雪夫斯基:《艺术与现实的审美关系》,周扬译,人民文学出版社1979年版,第19页。

"崇高",——在黑格尔看来,是绝对精神"无限"的表现,而"伟大",——在车尔尼雪夫斯基看来,不过就是主体面对一个强或大的客观事物所产生的一种情感判断。车尔尼雪夫斯基的批判是精准的,如果认为崇高的特点是"无限",现实就没有"崇高"了。因为只要我们的感觉能够感觉得到,我们通过计算能够计算得出,那就不是"无限",就没有"崇高"。但黑格尔所说的"无限",除了量的巨大,还有一层意思,就是"没有限制"。没有限制就是"自由"。人(即"精神")要从巨大的数量和力量上看到人的自由——即人的"无所限制",没有人的理性和想象的参与,是不可能产生"崇高"的。车尔尼雪夫斯基也考虑到了"人"的因素,只不过他认为,人是被动地、第二性地产生相应的认识和情感体验,而不像黑格尔所主张的,先有这个"无限",艺术形象被动地来表现这个"无限",只是它没有完美地表现出来,从应该成为的"美"而变成了"崇高"。车尔尼雪夫斯基依照他对美的定义方式,也对崇高作了定义,他强调,他的定义把客观对象提到了"首要地位"——即物质第一性的地位,而不像黑格尔那样,精神和观念居首要地位:

> 如果依照我们所采用的美与崇高的定义,美与崇高都离开想象而独立,那末,从另一方面来说,这些定义就把它们对人的一般的关系,以及对人所认为美和崇高的事物与现象的概念的关系提到了首要地位:任

何东西,凡是我们在其中看见我们所理解和希望的、我们所欢喜的那种生活的,便是美。任何东西,凡是我们拿来和别的东西比较时显得高出许多的,便是伟大。①

车尔尼雪夫斯基重申了他分别对"美"和"崇高"(伟大)的定义。根据这两句话,"美"和"崇高"这两个范畴是"互不从属"的,就是说,"美"不是"崇高"的正体,"崇高"也不是"美"的变体,各自相对独立。

相反,非常之矛盾的,从平常流行的定义却得出这样的结论:现实中的美与伟大是人对事物的看法所造成的,是人所创造的,但又和人的概念、和人对事物的看法无关。同时,也很显然,我们认为正确的美与崇高的定义,破坏了美与崇高这两个概念之间的直接联系,这两个概念由于下面的两条定义"美是观念与形象的均衡"、"崇高是观念压倒形象"而成了互相从属的东西。事实上,如果接受了"美是生活"和"崇高是比一切近似的或相同的东西都更大得多的东西"这两条定义,那末,我们就得承认:美与崇高是完全不同的两个概念,彼此互不从属,所同者只是都从属于那个一般的概

---

① 车尔尼雪夫斯基:《艺术与现实的审美关系》,周扬译,人民文学出版社1979年版,第20—21页。

念,那个和所谓的美学的概念相去很远的概念:"有兴趣的事物"。①

话说得有点儿纠缠,我们得分辨一下。"平常流行的定义",指的是黑格尔的定义,"美与伟大是人对事物的看法造成的,是人所创造的,但又和人的概念、和人对事物的看法无关。"前一个"人"是黑格尔"绝对精神"的工具,他所表达的是"绝对精神"的观念。而后面的"人",则是车尔尼雪夫斯基所认识的现实自然中有着健康的生命、有着七情六欲的生活着的人。作为"绝对精神"工具的"人"表达的概念,与现实生活着的人的关于生活体验、生命体验的"看法无关"。

> 因此,假如美学在内容上是关于美的科学,那末它是没有权利来谈崇高的,正如同没有权利谈善、真等等一样。可是,假使认为美学是关于艺术的科学,那末它自然必须论及崇高,因为崇高是艺术领域的一部分。②

这里涉及对于美学的内容定性。车尔尼雪夫斯基认为

---

① 车尔尼雪夫斯基:《艺术与现实的审美关系》,周扬译,人民文学出版社1979年版,第21页。
② 车尔尼雪夫斯基:《艺术与现实的审美关系》,周扬译,人民文学出版社1979年版,第21页。

如果美学是关于美的科学,不必研究崇高,因为崇高不属于美。如果美学是关于艺术的科学,必然要研究崇高,因为艺术要表现的,不仅仅是美,还有崇高、悲剧等等。他在这里走入了极端。美学不但要研究美,而且也要研究艺术。因此,美学不但要研究美,也要研究崇高。

三、悲剧是"人的苦难或死亡",悲剧的发生不具有"必然性"

接下来,他不可避免地论及"悲剧"。因为"人们通常都承认悲剧是崇高的最高、最深刻的一种"。[①]悲剧理论在黑格尔美学体系中占有很重要的地位。他引述了费肖尔的观点作为黑格尔悲剧观的代表。在费肖尔(黑格尔)看来,悲剧的产生是人的行为对支配世界的必然规律的扰动或破坏,是人的"个人局限性""破坏了世界的客观联系的绝对的统一性",使得人受到了来自外在世界的毁灭。费肖尔认为:

> 主体生来就是活动的人。在活动中,他把他的意志加之于外在世界,以致和支配外在世界的必然规律发生冲突。但主体的活动必然带有个人局限性的印

---

① 车尔尼雪夫斯基:《艺术与现实的审美关系》,周扬译,人民文学出版社1979年版,第21页。

记,因而破坏了世界的客观联系的绝对的统一性。这种违犯是一种罪过(die Schuld),并且主体要身受它的后果,原是由统一的链子联系着的外在世界,被主体的活动整个地搅乱了;结果,主体的个别的行为引出一连串无穷无尽的、逆料不到的后果,到那时候,主体已经不再能辨认出自己的行为和自己的意志了;但是他又必得承认这一切后果和他自己的行为有必然的关联,并且感到自己必须对此负责。①

就是说,人不活动还好,人一活动就会在平静的外在世界的湖面上投下炸弹。人的存在与活动就是一种破坏。原来绝对统一的世界,有了人的存在,"被主体的活动整个地搅乱了",出现的后果,就是人的悲剧的产生。而且,人越是躲避,越是挣扎,对世界的扰动和破坏就越大,苦难的必然性也就越是大,直至毁灭。然后,世界因为个人的毁灭得到"净化"和"胜利","主体虽死而仍能光辉地在他净化了的和胜利了的事业中长存。"②费肖尔—黑格尔的这个悲剧观,显然是对人的存在以及他的生命活动,特别是革命行为的一种残酷冷漠的否定。车尔尼雪夫斯基作为倾向革命,并

---

① 车尔尼雪夫斯基:《艺术与现实的审美关系》,周扬译,人民文学出版社 1979 年版,第 22 页。
② 车尔尼雪夫斯基:《艺术与现实的审美关系》,周扬译,人民文学出版社 1979 年版,第 22 页。

即将投身革命的革命家,当然对这种思想表示强烈反对。费肖尔提出,悲剧有三种形式:

> 第一种形式是这样:主体并不是确实有罪,只是可能有罪;那戕杀他的力量是一种盲目的自然力,它以外强中干的个别主体为例,来证明个人之所以不能不毁灭就因为他是个人的原故。在这里,主体的毁灭不是由于道德律,而是由于偶然的事故,只能以死亡是普遍的必然性这种调和思想来自宽自解。①

那就是说,主体虽然无罪,人死了,是悲剧,但认识到它是一种必然,人迟早都是要死的,也就宽解了。至于原因和责任,也就不必追究了。

费肖尔讲的第二种悲剧,是一个人实际上犯了一种"单纯的罪过",连累了别的人也"无辜受难"。受连累者的苦难也成了第一主体的悲剧构成部分。悲剧的分量加大了。

> 在单纯的罪过(die einfache Schuld)的悲剧中,可能的罪过变为实际的罪过。但是,这种罪过并不是由于必然的客观的矛盾,而只是由于与主体的活动有联

---

① 车尔尼雪夫斯基:《艺术与现实的审美关系》,周扬译,人民文学出版社 1979 年版,第 22 页。

系的某种错乱。这种罪过在某些地方破坏了世界之道德的完整性。由于这个缘故,别的主体也遭受苦难,而因为罪过只是一人犯的,所以初看好像别的主体是无辜受难。但是在这种情形之下,这些主体对于另一个主体就成了纯粹的客体,这是和主体性的意义相抵触的。因此,他们不能不因为犯下某种错误而和他们的长处相联系显露出他们的弱点,并且因为这个弱点而趋于灭亡;那主要主体的苦难,作为他的行为的报应,是从那违反道德秩序的罪过而来的。惩罚的工具可能是那些被损害的主体,或者是认识到自己罪过的罪犯本身。①

"长处"因"犯错"而成"弱点"是什么意思?比如跑得快是长处,但方向错了,就变成了弱点,而且这个弱点可能导致"灭亡"。而他们的灭亡,也是对那个指错方向的"主要主体"的"报应"。

最后,悲剧的最高形式是道德冲突的悲剧。普遍的道德律分裂为许多个别的要求,这些要求常常可能互相矛盾,以致人要适从这一条,就必须违反另一条。

---

① 车尔尼雪夫斯基:《艺术与现实的审美关系》,周扬译,人民文学出版社 1979 年版,第 22—23 页。

这并非由于偶然性,却是出于内在必然性的斗争,可能还是一个人心里的内在的斗争。……但是,因为艺术总是在个别的形象中体现一切,所以,通常在艺术中道德律的两种要求之间的斗争总是表现为两个人之间的斗争。互相矛盾的两种倾向当中必有一种更为合理,因此也更强,它在开始的时候征服一切反对它的事物,可是等它压制了反对倾向的合理权利时,自己又反而变成不合理的了。现在正义已在当初被征服的一方,本来较为合理的倾向就在自己非正义的重压和反对的倾向的打击之下灭亡;而那反对的倾向,它的权利受到了损害,在开始反抗的时候,获得了一切真理与正义的力量;可是一旦胜利之后,它也同样地陷于非正义,招致灭亡或痛苦。……这样互相矛盾的倾向终于和解了,每种倾向在它的片面性中是又合理又不合理的,两种倾向都衰落之后,片面性也就逐渐消失了;统一与新生就从斗争和死亡中产生出来。[1]

这第三种悲剧最符合黑格尔的"正、反、合"的精神发展模式。"绝对"是一个正题,它发展出两个片面且正相反对的反题,最后否定之否定形成一个合题。这种模式,是黑格

---

[1] 车尔尼雪夫斯基:《艺术与现实的审美关系》,周扬译,人民文学出版社1979年版,第23—24页。

尔认为的世界发展的普遍模式。值得注意的是,在黑格尔美学看来,悲剧的双方没有根本的对与错。开始可能有一方比较合理,但当它消灭了对方,它自己又失去了合理性了。而只有当它自己也毁灭了,与对方同归于尽了,矛盾才终于和解,统一和新生产生出来,这才是悲剧的美之所在。而且,他把这种现象视为一种命中注定,即"命运"。车尔尼雪夫斯基对这种毫无悲悯之心的"命运"悲剧观作了严厉的批驳:

> 它们和最近美学家对悲剧的概念一样毫无根据,所不同的只是互相矛盾的原则的这种勉强的结合在前述的调和的尝试中,比在悲剧的概念中更为明显,悲剧的概念是用非常辩证的深刻思想构成的。因此,我们以为不必去论述这一切歪曲的命运的概念,并且以为只要指出下面这一点就够了:原来的基础,即使现在流行的美学关于悲剧的见解给它披上最时髦、最巧妙的辩证的外衣,也无论如何掩盖不住它的本相。[①]

车尔尼雪夫斯基认为,所谓"命运"观念实际上是一种将自然拟人化的原始思维的结果,与科学思维(即唯物主义

---

① 车尔尼雪夫斯基:《艺术与现实的审美关系》,周扬译,人民文学出版社1979年版,第25页。

思维)的结果格格不入。因此用以解释悲剧是"奇怪的",不适合的。"这样的见解在我们现在看来是奇怪的。但是让我们看一看,这些见解是如何反映在关于悲剧的美学理论里。"①

  这理论说:"人的自由行动扰乱了自然的正常进程;自然和自然规律于是起而反对那侵犯它们的权利的人;结果,苦难与死加于那行动的人,而且行动愈强,它所引起的反作用也愈剧烈:因为凡是伟大的人物都注定要遭到悲剧的命运。"这里的自然似乎是一个活的东西,非常容易发脾气,对自己的不可侵犯性非常敏感。②

自然在这里俨然成了一个有主观意志的存在了。车尔尼雪夫斯基反问道:"难道自然真的会受辱吗?难道自然真的会报复吗?当然不会;自然永远照它自己的规律继续运行着,不知有人和人的事情、人的幸福和死亡;自然规律可能而且确实常常对人和他的事业起危害作用;但是人类的一切行动却正要以自然规律为依据。自然对人是冷淡的;

---

① 车尔尼雪夫斯基:《艺术与现实的审美关系》,周扬译,人民文学出版社 1979 年版,第 27 页。
② 车尔尼雪夫斯基:《艺术与现实的审美关系》,周扬译,人民文学出版社 1979 年版,第 28 页。

它不是人的朋友,也不是人的仇敌:它对于人是一个有时有利、有时又不利的活动场所。"①

之所以要把自然看作一个与人对立的斗争对象,或许是因为不通过斗争便不能显示事情的重要。

> 就假定我们同意习惯的说法,认为只有那些需要艰苦奋斗的事情才重要吧。难道这个斗争总是悲剧的吗?决不如此;有时是悲剧的,有时不是,要看情形而定。航海者同海斗争,同惊涛骇浪和暗礁斗争;他的生活是艰苦的;可是难道这生活必然是悲剧的吗?有一只船遇着风暴给暗礁撞坏了,可是却有几百只船平安抵达港口。就假定斗争总是必要的吧,但斗争并不一定都是不幸的。结局圆满的斗争,不论它经过了怎样的艰难,并不是痛苦,而是愉快,不是悲剧的,而只是戏剧性的。而且如果采取了一切必要的预防措施,事情的结局几乎总是圆满的,这难道不是真的吗?那末,自然中悲剧的必然性究竟在哪里呢?同自然斗争时发生的悲剧只是一个意外之灾。仅仅这一点就足以粉碎那把悲剧看成"普遍规律"的理论了。②

---

① 车尔尼雪夫斯基:《艺术与现实的审美关系》,周扬译,人民文学出版社1979年版,第28页。
② 车尔尼雪夫斯基:《艺术与现实的审美关系》,周扬译,人民文学出版社1979年版,第28—29页。

悲剧"必然",是黑格尔悲剧理论的一个突出特点。这一段驳论,鲜明地反对黑格尔的悲剧"必然"论,显示出车尔尼雪夫斯基是一个真正的革命者、行动者、实践者。他不但驳斥黑格尔唯心主义反实践悲剧论,更鼓舞人们投入改变生活的现实斗争。他接着说:

"可是社会呢?可是其他的人们呢?难道不是每一个伟大人物都得要和他们作艰苦的斗争吗?"我们又必须指出:历史上的巨大事件并不一定都和艰苦的斗争联结在一起,只是我们由于滥用名词,惯于只把那些与艰苦斗争联结在一起的事件叫做伟大的事件罢了。法兰克人接受基督教是一桩大事,可是那有什么艰苦的斗争呢?俄罗斯人接受基督教时也没有艰苦的斗争。伟大人物的命运是悲剧的吗?有时候是,有时候不是,正和渺小人物的命运一样;这里并没有任何的必然性。我们还必须补充说,伟大人物的命运往往比平常人物的命运更顺利;但是,这也不是由于命运对杰出人物有特殊的好感,或者对平常人有什么恶意,而仅只因为前者具有更大的力量、才智和能力,使得别人更尊敬他们,同情他们,更乐于协助他们。[①]

[①] 车尔尼雪夫斯基:《艺术与现实的审美关系》,周扬译,人民文学出版社1979年版,第29页。

从社会影响上讲,黑格尔的悲剧观,对人的实践行动是持否定态度的。这有利于统治阶级维持自己的统治。在黑格尔美学看来,客观世界——自然和社会——原本是一个完善统一的整体。人只要行动,就会对这个统一的整体产生扰动和破坏,从而产生悲剧。行动的主体——人是一方,客观世界是一方。客观世界对人的报复,是悲剧的根本原因。车尔尼雪夫斯基认为,这种认识是错误的。自然和社会都不会对正常生活的人作出主动的报复和打击,而且,许多采取行动的人,甚至伟大人物,都没有受到自然和社会的"报复",度过了幸福的一生。处于革命酝酿时期的车尔尼雪夫斯基,他鼓励人们采取行动。

在黑格尔的悲剧论中,悲剧的对象有两个突出的特点:一、重要;二、伟大。车尔尼雪夫斯基用大量的例证说明:"重要"的事不一定产生悲剧,"伟大"的人物不一定经历悲剧。因此"悲剧"和"重要""伟大"没有必然联系。而且,悲剧的发生并不是必然的、有规律的。黑格尔所说的悲剧是"绝对精神"分裂成对立的两面。悲剧中人物的悲剧命运是他所代表"绝对精神"的片面性的必然结局这个理论不能成立。

说到底,车尔尼雪夫斯基是坚决反对黑格尔的这个悲剧理论的:绝对精神根据正—反—合的原则,分裂为相互对立的两面,身负矛盾冲突两个方面的主要人物各代表一个方面。两方面都是片面的,因而都有自己的罪过,悲剧就是这对立的两面作殊死斗争,最后形成一个结局,都死了,但绝对精神取得了胜利,因为两个片面都被否定掉了,而绝对的、统一的绝对精神被证明是唯一合理的、正确的。这是正、反对立之后形成的合局。而且,在黑格尔看来,这样的悲剧结局是必然的,也只有这种必然的悲剧结局,才充分证明了"绝对精神"的最终胜利和正确。车尔尼雪夫斯基愤怒地说:这"是一个残酷而不近情理的思想"。[①] "现在谁都知道得很清楚:伟大人物的苦难和毁灭是没有什么必然性的,不是每个人死亡都是因为自己的罪过,也不是每个犯了罪过的人都死亡,并非每个罪过都受到舆论的惩罚,等等。因此,我们不能不说,悲剧并不一定在我们心中唤起必然性的观念,必然性的观念决不是悲剧使人感动的基础,也不是悲剧的本质。"[②]

车尔尼雪夫斯基主要是用多数生活中的事实来证明悲剧发生的偶然性。黑格尔则主张,如果没有"必然",悲剧也就没有多大美学意义。需要注意的是,车尔尼雪夫斯基关注的是现实生活中的苦难或死亡,而黑格尔讲的,是艺术创造的悲剧。要求艺术创造中揭示悲剧发生的必然性,这个要求是合理的。

[①] 车尔尼雪夫斯基:《艺术与现实的审美关系》,周扬译,人民文学出版社1979年版,第31页。

[②] 车尔尼雪夫斯基:《艺术与现实的审美关系》,周扬译,人民文学出版社1979年版,第32页。

那么,什么是悲剧的本质呢?

悲剧是人的苦难或死亡,这苦难或死亡即使不显出任何"无限强大与不可战胜的力量",也已经完全足够使我们充满恐怖和同情。无论人的苦难和死亡的原因是偶然还是必然,苦难和死亡反正总是可怕的。有人对我们说:"纯粹偶然的死亡在悲剧中是荒诞不经的事情,"也许在作者所创造的悲剧中是如此,在现实生活中可不然。在诗里面,作者认为"从情节本身引出结局"是当然的责任;在生活里面,结局是常常偶然的,而一个也许是完全偶然的悲剧的命运,仍不失其为悲剧。我们同意,麦克白和麦克白夫人的命运,那从他们的处境和行为中必然要产生的命运是悲剧的。但是当古斯塔夫·阿道尔夫(译注:瑞典国王,曾在三十年战争中大显威名。)正走上胜利之途却完全偶然地在卢曾之役中战死的时候,他的命运难道不是悲剧性的吗?[1]

"悲剧是人生中可怕的事物"

如果说前面的说法"悲剧是人的苦难和死亡",还是一个描述,到这里车尔尼雪夫斯对"悲剧"下了一个定义。他

---

[1] 车尔尼雪夫斯基:《艺术与现实的审美关系》,周扬译,人民文学出版社1979年版,第32—33页。

认为:"这个定义似乎把生活和艺术中一切悲剧都包括无遗了。"[1]

固然,大多数艺术作品使我们有权利再加上一句:"人所遭遇的可怕的事物,或多或少是不可避免的;"但是,第一,艺术中所描写的可怕的事物,几乎总是不可避免的,这一点正确到什么程度,是很可怀疑的,因为,在现实中,在大多数情形之下,可怕的事物完全不是不可避免的,而纯粹是偶然的;第二,似乎常常只是到每一部伟大艺术作品中去寻找"各种情况的必然的巧合"、"从故事自身的本质而来的故事的必然发展"这样一个习惯,使我们不管好歹要去找出"事件过程的必然性"来,即使那里根本没有什么必然性,——例如莎士比亚的大多数悲剧。

在这一段话中,涉及了艺术与生活的关系。生活中的悲剧没有必然性,而艺术中则总是显示悲剧有"必然性"。车尔尼雪夫斯基认为,这样做的正确性"是很可怀疑的"。显然他是反对这样做的。他要求艺术应该真实地反映生活。

---

[1] 车尔尼雪夫斯基:《艺术与现实的审美关系》,周扬译,人民文学出版社1979年版,第33页。

四、滑稽四种类型：滑稽地渺小、滑稽地愚蠢、滑稽地畸形、滑稽地丑陋

说完了崇高，他对滑稽就没有多少可说的了。同样的道理，也适用于滑稽。

> 我们不能不同意这个关于滑稽的流行的定义："滑稽是形象压倒观念，"换句话说，即是：内在的空虚和无意义以假装有内容和现实意义的外表来掩盖自己；但是，同时也应该说，为了保持把滑稽和崇高两个概念同时展开这一辩证方法，而将滑稽的概念只与崇高的概念相对照，滑稽的概念就过分地被限制了。滑稽地渺小和滑稽地愚蠢或糊涂当然是崇高的反面，但是滑稽地畸形和滑稽地丑陋却是美的反面，而不是崇高的反面。[①]

把"滑稽"与"崇高"看成一对范畴，是基于相互"对照"的黑格尔的"辩证方法"。前文反驳了"崇高"，同样的逻辑也就反驳了"滑稽"。因此，对于滑稽的分析并未像崇高那样详细展开，而是点到即止。他指出了黑格尔美学论滑稽

[①] 车尔尼雪夫斯基：《艺术与现实的审美关系》，周扬译，人民文学出版社1979年版，第33页。

的不合理,也进一步印证了他的崇高和悲剧理论的不合理。他指出滑稽存在四种类型,各有其特点,既然与黑格尔所指的滑稽不是一路,他也就存而不论。不过细品滑稽的这四种类型,其实具有丰富的内涵和研究价值,值得作为后来深究"滑稽"者的答题。

随后,他便可以腾出手来论证本文主题"艺术与现实的审美关系"了。

第六章　美,普遍存在于现实自然之中

要认识艺术与现实的审美关系,有一个问题是车尔尼雪夫斯基要首先解决的,即,现实自然中有美吗?它隐含着这样两个逻辑:如果现实自然中本来无美,那艺术美何以产生?如果现实自然中有美,那艺术美与之是何关系?

在黑格尔的美学中,艺术是独尊的。艺术表现本身是美,艺术创造的目标也是美。而自然,不能"有意识"并充分地显现"精神",它即使有美也是低、弱、残缺、偶然的。美的主要领域是艺术,美学的主要思考对象也是艺术。黑格尔说:"心灵和它的艺术美'高于'自然,这里的'高于'却不仅是一种相对的或量的分别。只有心灵才是真实的,只有心灵才涵盖一切,所以一切美只有在涉及这较高境界(译者注:'较高境界'即指心灵。)而且由这较高境界产生出来时,才真正是美的。就这个意义来说,自然美只是属于心灵的那种美的反映,它所反映的只是一种不完全不完善的形态。"①这其实也就等于说"自然美不是真正的美",自然美

---

① 黑格尔:《美学》第一卷,朱光潜译,商务印书馆 1979 年版,第 5 页。

是不"真实"的。黑格尔说:"我们可以肯定地说,艺术美高于自然。因为艺术美是由心灵产生和再生的美,心灵和它的产品比自然和它的现象高多少,艺术美也就比自然美高多少。"[1]而反过来,车尔尼雪夫斯基主张"美是生活(生命)",当然认为美普遍存在于现实自然之中,而且他认为,只有现实自然中的美才是真正的美,而艺术,不过是这种美的替代品,其品级,比自然美要低得多。

下面,他先从八个方面证明现实生活中的自然美是普遍存在的,再从七个方面将自然美与艺术美进行比较,证明自然美比艺术美更美。从而得出,黑格尔仅仅立足于艺术得出的美本质规定"美是理念的感性显现""美是概念与形式的统一",以及立足于这个本质规定所作的关于不同艺术的美的论述是不正确的。

> 美的存在的三种不同形式如下:现实(或自然)中的美、想象中的美以及艺术(由人的创造的想象力所产生的客观存在)中的美。这里,第一个基本问题,就是现实中的美对艺术中的美和想象中的美的关系问题。这个问题现在是这样解决的:客观现实中的美有缺点,这破坏了美,因此我们的想象就不得不来修改在客观现实中见到的美,为的是要除去那些与它的现实的存

---

[1] 黑格尔:《美学》第一卷,朱光潜译,商务印书馆1979年版,第4页。

在分不开的缺点,使它真正地美。费肖尔比所有其他美学家都更充分、更锐利地分析过客观美的缺点。所以我们应该对他的分析进行批判。为了免得人们责备我有意冲淡德国美学家所指出的客观美的缺点,我只好在这里逐句引用费肖尔对现实中的美的几段批评(Aesthetik, Ⅱ Theil, Seite 299 und folg)。[①]

上面列举的美存在的三种形式,读者很容易把"想象中的美"和"艺术"视为一类。其实是不同的两类。艺术虽然也有想象的成分,但它通过艺术家的创作,变成了一种客观存在。而"想象中的美"却存在于人的想象之中,还不是一种客观性的存在。

车尔尼雪夫斯基在上段文字之后,引征的费肖尔的论述较长,为节约篇幅,我们这里不全面抄录,只归纳出费肖尔的观点:

一、现实中的美是极不稳定的,容易被有害的偶然性破坏。

二、现实中的美具有活动性,转瞬即逝。

三、现实中的美不是(如艺术那样)由于对美的渴望而产生的,只是由于自然对生命的一般渴望偶然产生的。

---

① 车尔尼雪夫斯基:《艺术与现实的审美关系》,周扬译,人民文学出版社1979年版,第34—35页。

四、十全十美的东西在自然界很少,而且极易受到破坏,转瞬即逝。

五、现实生活往往是"有意图"的。无意图性,才是自然"美"的本质。现实生活处处充满"意图性"。(这里需要注意:费肖尔对自然美和艺术美的"意图性"规定是不同的。他认为自然美的本质是"无意图性",这个"意图性"是指人的"刻意追求"的主观愿望。如果现实生活中的人的"意图性"出现在美中,满足欲望的功利意识就破坏了美应有的"自由",也就不是美了。而艺术则必须是"有意图"的——这个"意图"就是艺术的"形式"一定要显示一定的"意识",体现一定的概念,有"绝对精神"的影子,它才可能是美的。否则它就不是"理念的感性显现"了。)

六、有害的、破坏性的偶然性常常破坏现实生活中的美,而有利的偶然性不但转瞬即逝,而且是相对的,可以忽略不计。所以导致现实生活中的美、自然美很少。

七、破坏的偶然性支配一切的规律中,自然美只是幻想。

八、在现实生活中,美与不美是混杂的,我们只是在某一个角度,某一个局部,某一点上有选择地看到美。或者时间或空间的距离使我们忽略其细节的丑而觉得对象是美的。

九、现实中的美人,是一个个体,而个体没有普遍性,因而"不可能是绝对的",而且她的"血液、热、生命过程"等使现实的美人"比高级艺术品大为逊色"。①

根据车尔尼雪夫斯基所引录的这一长段文字,归纳为九个要点,是费肖尔的著作里陈述的内容。它主要表达了:在现实(自然界)中很少有美,即使有,都不完美,既不合美的本质,也不可能是绝对的美。而艺术创作则可以弥补、纠正这种不完美。因此,艺术美比现实自然中零星散乱的"美"更稳定、更全面、更持久、更自由、更真实、更有普遍性、更能体现"绝对精神"的本质。艺术美才是真正的美。

之所以洋洋洒洒摘录了很长一段,车尔尼雪夫斯基是想展览它的荒谬。他马上就给出了态度鲜明的反驳。他坚持认为,现实自然不但有美,而且比艺术中的美更普遍、更美。他说:"在我们批评对于现实中的美的种种苛求以前,可以大胆地说,现实中的美,不管它的一切缺点,也不管那些缺点有多么大,总是真正美而且能使一个健康的人完全满意的。"②请注意这句话的意味:即使有缺点,能使一个健康的人完全满意的,就是美的。"健康的人满意",与"理念的显现"有多大的区别?

一、健康的人对现实生活中的事物和现象,并不苛求,"能使我充分满足"即是"完美"。

---

① 所引费肖尔原文见车尔尼雪夫斯基:《艺术与现实的审美关系》,周扬译,人民文学出版社 1979 年版,第 35—40 页。
② 车尔尼雪夫斯基:《艺术与现实的审美关系》,周扬译,人民文学出版社 1979 年版,第 40 页。

健康的人看到现实生活中许多事物和现象,在他的头脑中并不发生希望它们不是如此或者更好些的思想。人必须"完美"这种见解,是一种怪诞的见解,假如我们把"完美"了解成为这样一种事物的形态:它融合了一切可能的长处,而毫无缺点,那只有内心冷淡或厌倦了的人由于无所事事,凭了幻想才可能发现的。在我看来,"完美"便是那种能使我充分满足的东西。一个健康的人可以在现实中找到许多这样的现象。一个人的心空虚的时候,他能任他的想象奔驰;但是一旦有了稍能令人满意的现实,想象便敛翼了。一般地说,幻想只有在我们的现实生活太贫乏的时候,才能支配我们。一个人睡在光板上的时候,他脑子里有时会幻想到富丽的床铺,用稀有的珍贵木料做成的床,用绵凫的绒毛做的鸭绒被,镶着布拉拜出产的花边的枕头,用精美的里昂料子做成的帐子,——可是一个健康的人,要是有了一个虽不富丽,却也够柔软舒适的床铺,他还会作那样的幻想吗?人都会"适可而止"。……通常所谓"人的欲望无穷",即"任何现实都不能满足人的欲望"这种看法,是错误的;相反,人不但对"现实中可能有的最好的东西"会感到满足,就是够平常的现实生活也会使人满足的。……毫无疑义,人的身体不需要而且简直受不了太大的渴望和满足;同时,也无可怀疑,一个健康的人的欲望是和他的体力相适应的。[1]

他在这里提到了一个"美人"的判断标准:能否使我充分满足,而不是"融合了一切可能的长处,而毫无缺点"。

极度匮乏产生极度的想象——车尔尼雪夫斯基无意中说出了一个有普遍意义的心理学规律。这个规律可以解释何以"愤怒出诗人""乱世出文豪"。"我们必须分清什么是真正感觉到的,什么仅仅是口头上说说而已。只有在完全缺乏卫生的甚至简单的食物的时候,欲望才能被幻想刺激到火热的程度。这是一个被人类整个历史所证明了的、凡是生活过并且观察过自己的人都体验过的事实。这是人类生活一般规律中的个别事例:热情达到反常的发展,只是沉溺于热情的人的反常的情况之结果,只有在引起这种或那种热情的自然而又实在很适当的要求长久得不到应有的满足、得不到正常的而决非过分的满足的时候,才会发生这种情形。"[2]

另外,这段话里有一句应引起我们的重视:"我们必须分清什么是真正感觉到的,什么仅仅是口头上说说而已。""生命"真正感觉到,才能"满足"。口惠而实不至,是不能使

---

[1] 车尔尼雪夫斯基:《艺术与现实的审美关系》,周扬译,人民文学出版社1979年版,第40—41页。

[2] 车尔尼雪夫斯基:《艺术与现实的审美关系》,周扬译,人民文学出版社1979年版,第41页。

生命满足的。在他看来,艺术就只是"口头上说说而已"。这就是为什么他认为画的苹果没有树上的苹果美的道理。

但车尔尼雪夫斯基的本意是在对"追求完美"的"幻想"作出批评。他认为,追求"完美"是一种幻想,是一种病态的想法。他进一步说明了美的真正内涵:"使一个健康的人完全满意的"才是"真正的美"。"'完美'便是那种能使我充分满足的东西。"一个"健康的人"在"生活"中追求的不是表面形式上的"完美",而是"满足"。而且,一个健康人的需求是"适可而止",不可能"欲望无穷"的。凡是能使一个健康人的欲望满足的东西就是美的。他说:"这是一个被人类整个历史所证明了的、凡是生活过并且观察过自己的人都体验过的事实。"这是与黑格尔的"概念与形象的统一"完全不同的审美标准了。如果说,黑格尔说的是认识论的标准的话,车尔尼雪夫斯基说的,就是一种价值论的标准。美是什么呢?美就是使人的生命追求获得充分满足的东西。

第二,"健康人的满意"不是贪得无厌,而是受生命力的限制,过分满足,就会产生"疲倦"和"厌腻"。

> 大家都知道,我们的感官很快就会疲倦,觉得厌腻,即是说,感到满足了。不仅我们的低级感官(触觉、嗅觉、味觉)是如此,较高级的视觉与听觉也是一样。美感是和听觉、视觉不可分离地结合在一起的,离开听觉、视觉,是不能设想的。当一个人因为厌倦的原故而

失去观赏美的东西的愿望的时候,欣赏那种美的要求也不能不消失。如果一个人不可能在一月之中每天看画(就算是拉斐尔的也罢)而不感觉厌倦,那末,无可置疑,不单是他的眼睛,就是他的美感本身有一个时期也会满足而厌腻的。关于欣赏的延续性所说的话,应用到欣赏的强度上也同样正确。在正常的满足的情况下,美的享受力是有限度的。万一偶尔超过了限度,那通常并非是内在的自然的发展的结果,而是多少带有偶然性和反常性的特殊情况的结果。(比方,当我们知道我们很快就要和一件美的东西分开、不会像我们所希望的那样有充裕的时间来欣赏它的时候,我们总是用特别的热忱来欣赏它,诸如此类。)总之,这个事实似乎是毫无疑义的:我们的美感,正如一切其他的感觉一样,在延续性和紧张的强度上,都是有它正常的限度的,在这两个意义上来讲,我们不能说美感是不能满足或无限的。[1]

上段文末说过:"人的身体不需要而且简直受不了太大的渴望和满足;同时,也无可怀疑,一个健康的人的欲望是和他的体力相适应的。"在这一段,他进一步提出了审美也

---

[1] 车尔尼雪夫斯基:《艺术与现实的审美关系》,周扬译,人民文学出版社 1979 年版,第 41—42 页。

会"疲倦",也会"厌腻"的认识。他是想以此说明,人的生命需要是有限度的。人的需要,是和他的体力相适应的。超过生命需要的限度,就会厌弃,生活是这样,审美也是这样。因此人在审美的时候,不会要求对象显示出"无限"的特点。"美感在他的鉴别力、敏感性和求全性或者所谓对完善的渴望上,也同样有它的限度——而且是颇为狭窄的限度。我们往后将有机会说明许多根本不算美的事物,事实上却能够满足美感的要求。这里我们只想指出来,就在艺术的领域内,美感在它的鉴别上实际是很宽容的。为了某一点长处。我们可以原谅一件艺术品的几百个缺点;只要它们不是太不像话,我们甚至不去注意它们。"[1]所有的即使是经典的文艺作品都有缺点,并不比自然美的缺点少,只是美感并不苛求,一美遮百丑。因此,用文艺作品的所谓"完美"来否定现实生活和自然的美是没有道理的。

在为现实自然美辩护的时候,车尔尼雪夫斯基提出了两个关于"美感"的重要观点。一、审美要求是有限度的,并不是"无限"的。因为人的生命的要求是有限的。审美也会疲劳。生命获得了满足,再过度地提供享受,就会产生疲劳。二、审美很宽容,并不苛求,只要在某一方面满足了我们的要求,我们就会产生美感。

---

[1] 车尔尼雪夫斯基:《艺术与现实的审美关系》,周扬译,人民文学出版社1979年版,第42页。

总之,像任何健全的感觉和任何真实的要求一样,美感渴望满足甚于苛求;照它的天性说,它一经满足就很快乐,缺乏食粮就不满意;因此遇见第一件可以过得去的东西就会高兴起来。有一个事实也证明美感并不苛求,就是:当有第一流作品的时候,它决不蔑视二流作品。拉斐尔的画并不使我们认为格罗的作品坏;虽然有了莎士比亚,我们阅读二流甚至三流诗人的作品,仍然感到快乐。美感寻求的是好的东西,而不是虚幻地完美的东西。因此就令现实中的美有许多严重的缺点,我们还是满意它的。①

费肖尔提出的自然界的美不"完美",车尔尼雪夫斯基认为,"审美"并不是追求"完美",而是追求"生活"的满足,"美感寻求的是好的东西,而不是虚幻地完美的东西。"所谓"好的东西",就是能满足"生命"与"生活"需要的东西。而所谓的"虚幻地完美的东西",是不能满足现实生活和生命的需要的。因此,他认为,自然界中处处都有美。而"虚幻"的艺术就能完美了吗?其实也不尽然。我们可以在任何一个大诗人大艺术家的作品里找出瑕疵,艺术也没有"完美"。

下面,车尔尼雪夫斯基有针对性地从八个方面驳斥费

---

① 车尔尼雪夫斯基:《艺术与现实的审美关系》,周扬译,人民文学出版社1979年版,第43页。

肖尔的自然无美论,证明现实自然存在着美,而且比艺术中的美更美。

一、"自然中的美是无意图的;单凭这个理由,它就不可能和艺术中的美一样好,艺术中的美是照人的意图制造出来的。"①

车尔尼雪夫斯基从三个方面反驳这个观点:一、自然本身并不追求美,但它却满足我们的生命和生活的需求。"无知觉的自然并不想到自己的作品的美,正如一棵树不想它的果实是否甘美一样。但是必须承认,我们的艺术直到现在还没有造出甚至像一个橙子或苹果那样的东西来,更不必说热带甜美的果子了。"②这里说的意思是对前面"我们必须分清什么是真正感觉到的,什么仅仅是口头上说说而已"这句话的照应。自然是真正能让我们感觉到的,而艺术只是口头上说说而已。哈!二、人的力量远弱于自然的力量,人"有意图"创造的作品,远远比不上自然"无意图"的作品。"人的力量远弱于自然的力量,他的作品比之自然的作品粗糙、拙劣、呆笨得多。因此,艺术作品的意图性这个

---

① 车尔尼雪夫斯基:《艺术与现实的审美关系》,周扬译,人民文学出版社 1979 年版,第 44 页。
② 车尔尼雪夫斯基:《艺术与现实的审美关系》,周扬译,人民文学出版社 1979 年版,第 44 页

优点还是敌不过而且远敌不过它制作上的缺陷。"三、换一个角度,自然是"有意向"产生美的。"当我们把美了解为生活的丰富的时候,我们就必得承认,充满整个自然界的那种对于生活的意向也就是产生美的意向。既然我们在自然界一般地只能看出结果而不能看出目的,因而不能说美是自然的一个目的,那末我们就不能不承认美是自然所奋力以求的一个重要结果。这种倾向的无意图性(das Nichtgewolltsein)、无意识性,毫不妨碍它的现实性,正如蜜蜂之毫无几何倾向的意识性,植物生命之毫无对称倾向的意识性,毫不妨碍蜂房的正六角形的建筑和叶片的两半对称型一样。"①

在前面引述的文字中,费肖尔认为,"无意图性乃是自然中一切美的本质",如果自然中的美含有某种"意图"时,便失去了"美"。② 相反,艺术是"有意图"的。艺术的"有意图性"即是它的"有意识性"。"有意识性"是黑格尔美学十分强调的,因为没有"意识",也就不可能上升为"精神",更不可能上升为"绝对精神"。把这种意识"外化""对象化"就成了美,因而"美是理念的感性显现"。而车尔尼雪夫斯基认为使人产生"美感"的"美"不是这样的。对象之所以美不

---

① 车尔尼雪夫斯基:《艺术与现实的审美关系》,周扬译,人民文学出版社1979年版,第44页。

② 车尔尼雪夫斯基:《艺术与现实的审美关系》,周扬译,人民文学出版社1979年版,第37页。

在于它有没有"意识性",而在于它是否能满足人的生活需求,在于它是不是使生活更为丰富。一幅水果的静物画,远比不上一个新鲜的水果。因为新鲜的水果能满足我们现实的生活需求。"我们的艺术直到现在还没有造出甚至像一个橙子或苹果那样的东西来,更不必说热带甜美的果子了。"怎么能说艺术比现实自然的美更美呢?怎么能说现实自然中没有美呢?

二、"因为自然中的美不是有意产生的,美在现实中就很少见到。"①

费肖尔以第一条说法为原由,指出"美在现实中就很少见到"。少吗?车尔尼雪夫斯基说:一、"即令真是这样,这种稀少也只是对我们的美感说来深堪惋惜,却毫不减损这少数现象和物体的美。鸽蛋大小的钻石难得看到;钻石爱好者尽可正当地叹惜这个事实,但他们还是一致公认这些稀有的钻石是美的。"②二、他认为,现实中的美并不少。"一味埋怨现实中美的稀少,并不完全正确;现实中的美决不像德国美学家所说的那样稀少,至少这一点是无可怀疑

---

① 车尔尼雪夫斯基:《艺术与现实的审美关系》,周扬译,人民文学出版社1979年版,第45页。

② 车尔尼雪夫斯基:《艺术与现实的审美关系》,周扬译,人民文学出版社1979年版,第45页。

的。美的和雄伟的风景非常之多,这种风景随处可见的地域并不少。"①三、他认为,现实生活中美的多少,生活中的人可以自己决定:"人不能抱怨那种瞬间的稀少,因为他的生活充满美和伟大事物到什么程度,全以他自己为转移。"②"人生中雄伟的事物不会接连地遇到;……谁要希望寻找这些伟大瞬间,并且能够承受它们对心灵的影响,那末,他到处都可以找到机会来发挥崇高的情感:勇敢、自我牺牲、与祸害罪恶作高尚斗争之路上永不绝于任何人。而且,总是到处有成百成千的人,他们整个一生就是崇高的情感和行为的连续。人生中美丽动人的瞬间也总是到处都有。"③车尔尼雪夫斯基认为,自然界的美虽然不是"有意"产生的,但仍然随处可见。这几乎有点像法国雕塑家罗丹所说:"美是到处都有的。对于我们的眼睛,不是缺少美,而是缺少发现。"④

　　生活是那样广阔多彩,凡是人觉得真正迫切需要

---

① 车尔尼雪夫斯基:《艺术与现实的审美关系》,周扬译,人民文学出版社1979年版,第45页。
② 车尔尼雪夫斯基:《艺术与现实的审美关系》,周扬译,人民文学出版社1979年版,第45页。
③ 车尔尼雪夫斯基:《艺术与现实的审美关系》,周扬译,人民文学出版社1979年版,第45页。
④ 《罗丹艺术论》,沈琪译,人民美术出版社1987年版,第58页。

寻找的东西,差不多总可以尽量在那里找到。生活只有在平淡无味的人看来才是空虚而平淡无味的,那些人空谈情感和要求,实际上却除了想要装腔作势以外,再不能怀抱任何特别的情感和要求。因为人的一生的精神、倾向和特色,都是人本身的性格所造成的:生活中的各种事件虽然不由人来决定,这些事件的精神却是由人的性格来决定的。"猎人找野兽,野兽迎面来。"最后,我们必得说明一下什么是特别地叫做美的,并且看看女性美稀少到什么程度的问题。但是,这对于我们这篇抽象的论文也许不太合适,因此,我们只想说:几乎所有青春年少的女子在大多数人看来都是美人,由此就可证明与其说美是稀少的,毋宁说大多数人缺少美感的鉴别力。美貌的人决不比好人或聪明人等等来得少。[1]

热爱生活的人,才能真正感受生活之美。生命最美是青春,"几乎所有青春年少的女子在大多数人看来都是美人"。只要你有着蓬勃的生命力,你会发现:"美貌的人决不比好人或聪明人等等来得少。"这里车尔尼雪夫斯基又提出一个精彩的美感理论:"生活只有在平淡无味的人看来才是

---

[1] 车尔尼雪夫斯基:《艺术与现实的审美关系》,周扬译,人民文学出版社1979年版,第45—46页。

空虚而平淡无味的"。在车尔尼雪夫斯基看来,人的生活和生命是怎么样的,他追求、欣赏和创造的美就是怎么样的。

> 那末如何解释拉斐尔抱怨在意大利,那典型的美的故国缺少美人这个事实呢？很简单:他寻求的是最美的女人,而最美的女人,自然,全世界只有一个,——那到哪里去找她呢？
> 一般地,我们可以这样说:"现实中的美很稀少"这个思想是"十分"与"最"两个概念混淆的结果:十分大的河流是有许多的,其中最大的却当然只能有一条;伟大的统帅是有许多的,而世界上最伟大的统帅却只是其中的某一个。……抽象的数学的比较不是现实生活的观点。因此,尽管我认为 X 比 A 美,但是在现实生活中我们却决不会认为 A 不美。……假如我们也这样来观察现实中的美的现象,那末我们常常不得不承认,一件事物的美可以是无懈可击的,虽然别的事物也许比它更美些。[①]

车尔尼雪夫斯基用很多很生动的事例说明,美与美的比较得不出某事物不美,因为第一个东西更美的地方,不一

---

① 车尔尼雪夫斯基:《艺术与现实的审美关系》,周扬译,人民文学出版社 1979 年版,第 46—47 页。

定是第二个东西不美的地方。"的确,有谁认为意大利的大自然不美呢,虽然安的列斯群岛和东印度群岛的大自然要美得更多?只有从这样的观点出发,美学才能断定说,在现实世界中美是稀有的现象,而这种观点并没有在人的真实感情和判断中得到证实。"①自然美与艺术美比较得不出自然美不美。一类事物"最美"的只有一个,但不能得出别的事物就"不美"的结论。一个事物,只要它满足了生命一个方面的需要,它就可能是美的,虽然它不一定是"最美"的。

三、"现实中美的事物之美是瞬息即逝的。"

对费肖尔这个论点的反驳,车尔尼雪夫斯基说了四个层次的理由:一、现实自然的美不一定"瞬息即逝","一朵鲜花真的很快就会凋谢,可是人类的美却能留存一个很长的时间;甚至可以说,人类的美你要享受它多久,它就能留存多久。"②二、美因时间变化而变化是正常的也是必要的,"每一代的美都是而且也应该是为那一代而存在;它毫不破坏和谐,毫不违反那一代的美的要求;当美与那一代一同消逝的时候,再下一代就将会有它自己的美、新的美,谁也不

---

① 车尔尼雪夫斯基:《艺术与现实的审美关系》,周扬译,人民文学出版社1979年版,第47页。

② 车尔尼雪夫斯基:《艺术与现实的审美关系》,周扬译,人民文学出版社1979年版,第47页。

会有所抱怨的。"①而且,"把已经体验过的一切重新体验一次是会厌烦的,正如听人讲笑话,即使第一次听来津津有味,第二次听也就厌烦了。"②三、想要"美"永驻不变,主观上就是一种"怪诞虚幻的愿望","是完全无法满足的";③健康正常人的愿望是"随着生活一同向前突进,即是说,改变内容;因此,由于美的现象要消失而觉得惋惜,是荒唐的。——它完成了它的工作之后,就要消失,今天能有多少美的享受,今天就给多少;明天是新的一天,有新的要求,只有新的美才能满足它们。倘若现实中的美,像美学家所要求的那样,成为固定不变的、'不朽的',它就会使我们厌倦、厌恶了。"④四、从审美体验上说,求变化、求创新。"活着的人不喜欢生活中固定不移的东西;所以他永远也看不厌活生生的美,而 tableau vivant(法文:活画。)却很容易使他厌烦,虽然那些专门崇拜艺术的人认为后者比活生生的场景更美。按照这些人的意见,美不仅是永远不变的,而

---

① 车尔尼雪夫斯基:《艺术与现实的审美关系》,周扬译,人民文学出版社 1979 年版,第 47 页。
② 车尔尼雪夫斯基:《艺术与现实的审美关系》,周扬译,人民文学出版社 1979 年版,第 47—48 页。
③ 车尔尼雪夫斯基:《艺术与现实的审美关系》,周扬译,人民文学出版社 1979 年版,第 48 页。
④ 车尔尼雪夫斯基:《艺术与现实的审美关系》,周扬译,人民文学出版社 1979 年版,第 48 页。

且永远是千篇一律的,因此就产生了对现实中的美的新的责难。"①

车尔尼雪夫斯基在这里再一次论及了"审美疲劳"的问题——"即使第一次听来津津有味,第二次听也就厌烦了。"美只有不断更新,才是生生不息的美。"活着的人不喜欢生活中固定不移的东西;所以他永远也看不厌活生生的美。"只有"新的美"才能满足人们的审美要求。因此,"转瞬即逝"是"新的美"产生的前提和条件。同时,美也没有必要是永远不变的,因为人的生活是变的。生活中的美更丰富多彩,更生机勃勃,比那些"永恒"的一成不变的艺术品更美。这里其实是两个审美标准的碰撞。对生命的满足是一个标准——这是车尔尼雪夫斯基的标准;对"概念的显现"是一个标准——这是黑格尔的标准。前者充满变化,出新。后者则主张稳定不变。

在这一段,车尔尼雪夫斯基虽然仍觉于论文的题旨"不太合适",但还是再次论及了"人的美"。一、人类的美能够留存很长一段时间,你想它留存多久它就能留存多久,因为人只要活着,生活就不会中断,生活的内容就会不断地更新。在前面他就曾说:"几乎所有青春年少的女子在大多数人看来都是美人。"这里他把其他年龄段的美也提出来分

---

① 车尔尼雪夫斯基:《艺术与现实的审美关系》,周扬译,人民文学出版社1979年版,第48页。

析。童年是美的,青春是美的,中年人、老年人,都有自己的美。各个时期的人的生活有各个时期的美的内涵。"每一代的美都是而且也应该是为那一代而存在;它毫不破坏和谐,毫不违反那一代的美的要求;当美与那一代一同消逝的时候,再下一代就将会有它自己的美、新的美,谁也不会有所抱怨的。"人的生命与生活的动态的美的思考,对于论文题旨不是"不太合适",而是很合适,很有力。

四、"现实中的美是不经常的,"①

费肖尔的这第四个论点与第三个意思相近,所以车尔尼雪夫斯基说:"我们应该用前面那个问题来回答:美不经常,难道就妨碍了它之所以为美吗?难道因为一处风景的美在日落时会变得暗淡,这处风景在早晨就少美一些吗?还是应该说,这种非难多半是不公平的。就假定有些风景的美会随着殷红的曙光一同消逝吧;但是,大部分美的风景在任何光线之下都是美的;而且还必须加上说,倘若一处风景的美只限于某一个时辰,不能共那风景而长存的话,那末,那风景的美只能算是平淡的。"②

---

① 车尔尼雪夫斯基:《艺术与现实的审美关系》,周扬译,人民文学出版社 1979 年版,第 48 页。

② 车尔尼雪夫斯基:《艺术与现实的审美关系》,周扬译,人民文学出版社 1979 年版,第 48 页。

针对"人的面孔有时表现着全部的生命力,有时却什么也不表现,"——这是费肖尔的一个分论点——车尔尼雪夫斯基说:

——并不是这样;面孔有时非常富于表情,有时又表情很少,这倒是确实的;但是一副闪烁着智慧或和善的光芒的面孔,只有在极少的瞬间,才会是毫无表情的:一副聪明的面孔,就在睡眠的时候也还保持着聪明的表情,一幅和善的面孔,就在睡眠的时候也还保持着和善的表情,在富于表情的面孔上,迅速变化的表情赋与它新的美,正像姿势的变化赋与活生生的人以新的美一样。常常是,正因为一个美的姿势消失,这才使它为我们所珍视:"一群战士比武是美的,可是不到几分钟便乱了,"——但是假如不乱,假如这些竞技家的搏斗要延续一个昼夜,那会怎样呢?我们一定会看厌而跑开去,如同实际上常有的情形一样。在美的印象的影响之下,我们滞留在一幅画的静止的"永恒的美"、"永远不变的美"面前到半个钟头或一个钟头之久,那末,通常的结果会怎样呢?那结果是我们不等到夜晚的黑暗把我们"从享乐中拉走",我们便会走开。[1]

---

[1] 车尔尼雪夫斯基:《艺术与现实的审美关系》,周扬译,人民文学出版社1979年版,第48页。

车尔尼雪夫斯基对自然美的肯定、对黑格尔理论驳斥,常常是与他的审美"疲倦""厌腻"——我们说,这就是"审美疲劳"——理论结合在一起的。可以说,"审美疲劳"是他驳斥黑格尔否定自然美的一把利器。"不经常"非但不能证明自然景象的不够美,反倒证明了它的动态、变化、丰富多彩。审美疲劳原则说明了美不是持续永恒的,和自然界的美一样,艺术作品的美也不是僵硬不变,当审美疲劳产生的时候,美感便减弱了。这段文字又谈及了人的美,主要论及了人的容貌的美。人的美在生活中是普遍存在的,他无法回避这种每天都能观赏到的普遍的审美现象。而且,用"美是生活""美是生命"的理论,解释人的美是最合适的。

五、"现实中的美之所以为美,只因为我们是从某一点上来看它,从那一点来看它才显得美。"——相反,更常有的情形是美的东西从任何一点看都是美的;例如,一处美的风景,无论我从哪里去看总是美的,——当然它只有从某一点看才最美,——但是,这又有什么呢? 一幅画也必须从一定的地方来看,它所有的美才能显出来。这是透视律的结果,在我们欣赏现实中的美和艺术中的美的时候,都要同样遵照透视律的。[①]

---

① 车尔尼雪夫斯基:《艺术与现实的审美关系》,周扬译,人民文学出版社1979年版,第49页。

车尔尼雪夫斯基指出,前述黑格尔学派对于自然美的批评虽然是"夸大了的""不公平的",但似乎还没有否定自然美的存在,下面他们"则索性证明现实中的美根本不能叫做美"。① 这是车尔尼雪夫斯基坚决不能同意的。"美是生活""美是生命",现实生活中怎么可能没有美呢?

六、"现实中的美不是和一群对象联结在一起(如一处风景、一群人),便是和某一个别对象联结在一起。意外之灾总是破坏着现实中这看来很美的一群,引进一些不相干的、不需要的东西到这一群中来,因而损害了总体的美和统一性;它也破坏了那看来很美的个别对象,损害它的某些部分:仔细的分析常常会给我们证明,显得美的实际对象的某些部分,是一点也不美的。"②

车尔尼雪夫斯基指出:"这里,我们又看到了认美为完美的那个思想。不过,这只是认为唯一能满足人的东西只有数学式的完美的那个一般思想的特殊应用罢了。"③黑格

---

① 车尔尼雪夫斯基:《艺术与现实的审美关系》,周扬译,人民文学出版社 1979 年版,第 49 页。

② 车尔尼雪夫斯基:《艺术与现实的审美关系》,周扬译,人民文学出版社 1979 年版,第 49—50 页。

③ 车尔尼雪夫斯基:《艺术与现实的审美关系》,周扬译,人民文学出版社 1979 年版,第 50 页。

尔美学的"绝对"就是只能用数学才能计算出来的"完美"。车尔尼雪夫斯基指出:"人的实际生活却分明告诉我们,人只寻求近似的完美,那严格讲来是不应该叫做完美的。人们只寻求好的而不是完美的。"①他说,"倘若真用数学式的严格眼光去看海的话,那末海实在有许多缺点,第一个缺点就是海面不平,向上凸起。不错,这缺点并不显明,它不是用肉眼而是用计算才能发现的;因此,我们可以补充说,谈论人所不能看见,而仅能知道的缺点,实在是可笑的,然而现实中的美多半都有这种缺点:它们不是看得出或是感觉得到的,而是经过研究才显出来的。我们不应忘记,美感与感官有关,而与科学无关;凡是感受不到的东西,对美感来说就不存在。"②

费肖尔—黑格尔认为,现实中的美、自然美总是有缺点的,而且是容易有缺点的。终极地说,自然是不美的。只有艺术美能做到尽善尽美。车尔尼雪夫斯基则认为,这种追求"数学式完美"的愿望是病态的。"人们只寻求好的而不是完美的。"追求"完美"不是审美的目的,追求"满足"才是审美的目的。现实中的美,只要它能使人的生命追求获得满足,便是"好的"。自然美纵然存在缺点只要不是重要缺

---

① 车尔尼雪夫斯基:《艺术与现实的审美关系》,周扬译,人民文学出版社1979年版,第50页。
② 车尔尼雪夫斯基:《艺术与现实的审美关系》,周扬译,人民文学出版社1979年版,第51页。

点,审美是不在乎的。如果它有重要缺点,不能满足人的生命追求,那它就不是美而是丑了。这里,恰好显示了两种美本质观的鲜明区别:美是生活或生命,对象只要能满足主体的生命需要,哪怕有缺点,就都是美的了。这是价值论。而"美是理念的显现",不"完美"不能显示理念之"绝对"和"完备",就不能算是美的。这是认识论。

这一段文字,车尔尼雪夫斯基还提出了一个重要的关于"美感"的观点:"美感与感官有关,而与科学无关;凡是感受不到的东西,对美感来说就不存在。""谈论人所不能看见,而仅能知道的缺点,实在是可笑的"。"看见"是观赏,"知道"是认识。知道而未看见不是审美。美感是生命的感受,而不是对客观事物的认识。就是说,美属于价值论范畴,而不属于认识论范畴。

> 七、"现实事物不可能是美的,因为它是活的事物,在它身上体现着那带有一切粗糙和不美细节的生活的现实过程。"

费肖尔美学的这第七个论点,刚好与车尔尼雪夫斯基的"美是生活"的观点针尖对麦芒。所以车尔尼雪夫斯基反驳得也很尖锐:"比这更荒谬的唯心主义恐怕再也想象不出来了。难道一个活的面孔不算美,而画像或照片上的同一面孔就反而美?"他直接指出,这个思想就是来自黑格尔美学中的"美是形式"的思想:"美不是事物本身,而是事物的纯粹的表面、纯粹的形式(die reine Oberfläche)。"而"美是纯粹表面的"这个思想的另一根据,就是这样一种假定,"认为美的享受是和事物中所表露的物质利益不能相容的。"车尔尼雪夫斯基相信:"美的享受虽和事物的物质利益或实际效用有区别,却也不是与之对立的。"①有"区别"而非"对立",本质上就是同一的,而且是审美中不可缺少的。他在下一段(第八点)更明确地说:"我们认为:人的一般活动不是趋向于'绝对',并且他对于'绝对'毫无所知,心目中只是有各种纯人类的目的而已。在这一点上,人的美的感觉和活动,是与他的别的感觉和活动完全类似的。"②强调"纯人类的目的",强调美感和别的感觉活动的"完全类似",这不但与黑格尔的自由美学区别开来,也与康德的自由美学区别开来了。这其实也是车尔尼雪夫斯基这篇论文的价值所在。他为美的存在找到了一个真实的、物质的、唯物主义的内容根据——人的生命与生活需要的满足。否则,美为什么让人感动就是一个永远回答不了的"谜"。

接着,车尔尼雪夫斯基要驳斥费肖尔最重要的一点谬论了。他说:"论述了一连串越来越普遍、越来越猛烈的对

---

① 车尔尼雪夫斯基:《艺术与现实的审美关系》,周扬译,人民文学出版社1979年版,第53页。
② 车尔尼雪夫斯基:《艺术与现实的审美关系》,周扬译,人民文学出版社1979年版,第54页。

现实中的美的责难之后,现在我们再来看看为什么现实的美不能算是真正的美那最后、最有力而又最普遍的理由。"①

八、"个别的事物不可能是美的,原因就在于它不是绝对的,而美却是绝对的。"——对于主张此说的哲学派别来说,的确是无可争辩的论证,这些哲学派别认为"绝对"不仅是理论真理的准则,而且也是人类行动意图的准则。但是这些思想体系都已解体,让位给了别的体系;别的体系虽是借助于内在辩证的过程从这些体系中发展出来的,但对于生活的理解却不同了。我们只限于指出这种观点——把一切人类的意图归之于"绝对",就是从这种观点出发的——在哲学上不能成立,我们的批判将采取另一种不同的观点,更接近于纯粹美学概念的观点,我们认为:人的一切活动不是趋向于"绝对",并且他对于"绝对"毫无所知,心目中只是有各种纯人类的目的而已。在这一点上,人的美的感觉和活动,是与他的别的感觉和活动完全类似的。我们在现实中没有遇见过任何绝对的东西;因此,我们无法根据经验来说明绝对的美会给与我们什么样的印象;但是我们至少从经验中知道 similis simili gaudet

---

① 车尔尼雪夫斯基:《艺术与现实的审美关系》,周扬译,人民文学出版社 1979 年版,第 53 页。

(拉丁文:同声相应,同气相求。),因此,我们作为不能越出个体性范围的个体的人,是很喜欢个体性,很喜欢同样不能越出个体性范围的个体的美的。[①]

这段话里隐然提到了费尔巴哈的哲学思想,就是当中说到的"别的体系",黑格尔的思想体系已经"解体",让位给了费尔巴哈体系。这个体系对"生活"的理解不同了。而车尔尼雪夫斯基对黑格尔美学的批判,就是以这种思想体系为依据。费肖尔—黑格尔"把一切人类的意图归之于'绝对'",车尔尼雪夫斯基宣告:这"在哲学上不能成立",人类的活动不是趋向于"绝对",他对于"绝对""毫无所知",人类的活动"只是有各种纯人类的目的而已"。实现人类自身的目的,人类才会愉悦,对于一个"毫无所知"的意图,他怎么可能产生美感呢?

这段话其实还包含有一个重要思想:审美是"个体的"。就是说,每个人的审美活动,都是他站在他自己的立场上,个人地完成的。他的美感,他的判断,完全是他站在他自己的立场上实现的。他的审美不代表任何别人,更不代表全人类。不同的人之所以有共同的美感,是因为人性、人的生命追求及其满足具有共同性。而我们许多美学家在论美

[①] 车尔尼雪夫斯基:《艺术与现实的审美关系》,周扬译,人民文学出版社1979年版,第54页。

时,往往是全人类的代言人。其中没有个人的审美感受,也没有个人的审美追求。有的,只是全人类"整体"与美的"整体"的抽象关系,这其实是黑格尔哲学的"显现"。

至此可见,车尔尼雪夫斯基对自然美的坚持是明确、坚决的。因为他所热爱的"生命""生活",首先是在现实自然之中。而且,在他看来,现实自然的美才是普遍存在的主流的美,美学不能忽视,更不能否定。正是因为他的坚持和强有力的理论辨析和证明,中国二十世纪的美学才最终没把自然美排除在美学研究对象之外。不然,按照黑格尔美学的观点,美学就只是研究艺术之学,美的对象就是艺术。仅从这一点,车尔尼雪夫斯基的理论贡献,也是巨大的。

第七章 艺术是为了弥补自然美的不足而产生的吗?

车尔尼雪夫斯基上面的文字(前8点)是证明自然美、现实美的真实性、普遍性、鲜活生动性,它们对于"生活""生命"的价值和意义。他要说明,现实自然的美并没有他们所指责的诸多不足,甚至,自然美对人类审美的满足比艺术还要好。这接着就产生一个问题,既然现实自然之中普遍存在着美,甚至比艺术美还生动、丰富、实在的美,那么人类创作艺术干什么呢? 黑格尔美学认为:艺术之所以出现是因为自然中无美或自然中的美很微弱、有缺陷。艺术美弥补了自然美的不足,是负载着"绝对精神"复归自身的第一级火箭。车尔尼雪夫斯基进一步对这个观点进行了考察。下面(后7点),是通过艺术美与自然美相比较,证明艺术的目的并不是,也不可能弥补自然的缺陷和不足。艺术的产生另有缘由。

一、"自然中的美是无意图的。"——艺术中的美是有意图的,这是真的;可是,是否在所有的情形下和所有的细节上都是如此呢?①

车尔尼雪夫斯基抓住"所有的情形和所有的细节"这两个"所有"来分析和反驳。如果达不到两个"所有",则这个论点不能成立。

> 我们不必详论,艺术家和诗人是否时常以及到什么程度,能清楚地了解到他们作品中所恰要表现的东西,——艺术家活动的无意识性早已成为一个被讨论得很多的问题;现在尖锐地强调作品的美依靠于艺术家有意识的努力,比详论真正创作天才的作品总是带有很多无意图性和本能性,也许更为必要。不论怎样,这两种观点都为大家所熟知,在这里毋须加以详论。②

艺术家在创作作品时,并不是完全清楚了解并服从于"所恰要表现的东西",他还会服从于他的"无意图性和本能性",这就破除了那两个"所有"。

> 不错,诗人总是力求"尽量写得好";但这还不能

---

① 车尔尼雪夫斯基:《艺术与现实的审美关系》,周扬译,人民文学出版社1979年版,第55页。
② 车尔尼雪夫斯基:《艺术与现实的审美关系》,周扬译,人民文学出版社1979年版,第55页。

说,他的意志和思想纯粹地甚至主要地被关于作品的艺术性或美学价值的考虑所支配了:正如在自然中有许多倾向不断地互相斗争,在斗争中破坏或损害着美,艺术家和诗人内心也有许多倾向影响着他对美的努力,损害他的作品的美。在这许多倾向中,首先就是艺术家各种日常的挂虑和需要,它们不允许他只作一个艺术家,而不管其他;其次,是他的理智和道德观点,它们不允许他在工作时只想到美;第三,艺术家发生艺术创作的念头,通常并不单只是他想创造美这一意图的结果:一个配得上"诗人"称号的人,总是希望在自己的作品里不仅表达他所创造的美,还要表达他的思想、见解、情感。①

艺术家在创作作品时,还会受到三个方面的"美学价值"之外的因素的影响。这也破除了那两个"所有"。

"美"的创造中的"意图性",是黑格尔美学中必然有的要素。这个"意图性"逻辑上就是"理念"。"美是理念的感性显现",没有"意图性"也就不可能显现"理念"。车尔尼雪夫斯基在这里把艺术家的"意图性"分为"纯粹的美的意

---

① 车尔尼雪夫斯基:《艺术与现实的审美关系》,周扬译,人民文学出版社1979年版,第55页。

图"——即与人的欲望、功利无关的"自由"的意图——和欲望("各种日常的挂念和需要")、思想、情感等的意图,甚至还会有"无意图性(无意识)和本能性"。认为这些"非美的"意图也会对"美"的创造产生干扰和损害。从这一点来看,并不能证明艺术美可以弥补自然美。在这里我们也可以看到,车尔尼雪夫斯基与黑格尔美学的尖锐冲突,其实就是对"人的本质"的理解的冲突。艺术家——人——在黑格尔美学中,是"绝对精神""理念"的传递者,是"自由"的体现者;而在车尔尼雪夫斯基的美学中,艺术家却正是自然、生活、生命的体现者,他不传达"绝对精神",他只表达他作为"人"的欲望和这些欲望的满足。"艺术虽因意图性而有所增益,同时却也因它而有所丧失;问题是艺术家专心致志于美,却常常反而于美一无所成:单是渴望美是不够的,还要善于把握真正的美"。[①] 这句话须从两个人所说的美联系起来理解:"意图性"使艺术有所"增益",是从黑格尔之美的角度说的;却也因它而有所丧失,是从车尔尼雪夫斯基所说的美而言的,概念性的东西,减损了艺术的美。专心致志于美的"美"指的是黑格尔所说的"美"(理念的显现),于美一无所成的"美"指的是"生活"。车尔尼雪夫斯基坚持认为真正的

[①] 车尔尼雪夫斯基:《艺术与现实的审美关系》,周扬译,人民文学出版社1979年版,第56页。

美是"生活""生命"而不是抽象的概念。

在这段文字中,车尔尼雪夫斯基还提出了一个关于艺术创造的有价值的思想,即:艺术家和诗人内心也有许多倾向影响着他对"美"(理念显现)的努力,损害他的作品的"美"。在这许多倾向中,首先就是艺术家各种日常的挂虑和需要,它们不允许他只做一个只追求"美"的艺术家,而不管其他;其次,是他的理智和道德观点,它们不允许他在工作时只想到"美";第三,艺术家发生艺术创作的念头,通常并不单是他想创造"美"这一意图的结果;一个配得上"诗人"称号的人,总是希望在自己的作品里不仅表达他所创造的"美",还要表达他的思想、见解、情感。——就是说,在艺术创造中,艺术家的生命欲望,生活愿望,道德观念,个人的思想、见解、情感——这些日常生活中的普遍情感,都影响着艺术作品的内容,而不仅仅是渴望表现"美"——表现"绝对"的"自由"的理念——在左右艺术家的创作。也因此,艺术的产生不是为了弥补自然中的表达"理念"的不足。

二、"在现实中美是少见的;"——但是莫非在艺术中美就更常见吗?多少真正悲剧的或戏剧性的事件天天在那里发生呀!可是有很多真正美的悲剧或戏剧吗?在整个西方文学中,才有三四十篇,在俄国文学中,假如我们没有说错的话,除了《鲍利斯·戈都诺夫》

和《骑士时代小景》,连一篇中等以上的也没有。现实生活中完成了多少的小说呀!可是我们能列举出很多真正美的小说吗?也许在英国和法国文学中各有几十篇,在俄国文学中有五六篇罢了。美丽的风景是在自然中还是在画中遇见的更多呢?——那末,为什么会这样?因为伟大的诗人和艺术家是很少的,正如同任何种类的天才人物都很少一样。假如说在现实中,对于美的或崇高的事物的创造完全有利的机会很少的话,那末,对于伟大天才生长和顺利发展有利的机会就更加稀少,因为那需要为数更多得多的有利条件。这种对现实的责难更猛烈地落到了艺术身上。[①]

人类文明发展到今天,不论是现实中的美,还是艺术中的美,不论是艺术的类型,还是各种类型艺术作品的数量,都已经大大增加,肯定比车尔尼雪夫斯基时代要多很多了。但是,并没有推翻,也不可能推翻车尔尼雪夫斯基的意见,艺术"美"并不一定比自然(现实)中的美更常见。仅从量的比较上就说明艺术的产生不是为了弥补和替代生活中美的不足。不过实际上,现实生活中美的多与少,主要还是看所

---

① 车尔尼雪夫斯基:《艺术与现实的审美关系》,周扬译,人民文学出版社 1979 年版,第 56 页。

依据的美的标准是什么。费肖尔依据"概念的显现"为美,当然现实中少有。而车尔尼雪夫斯基依据"美是生活""美是生命",则现实生活中到处都是美。

三、"自然中的美是瞬息即逝的;"——在艺术中,美常常是永久的,这是对的;但也并不总是如此,因为艺术品也很易于湮没或偶然损毁。希腊的抒情诗我们已经无缘再见,阿伯力斯的画和吕西普斯的塑像都已湮没。但是不用细讲这一点,且让我们来考察一下很多艺术作品不能和自然中的美一样长存的其他原因——这就是风尚和题材的陈旧。自然不会变得陈腐,它总是与时更始,新陈代谢;艺术却没有这种再生更新的能力,而岁月又不免要在艺术作品上留下印迹。在诗歌作品里面,语言很快就会变得陈旧,因为这个原故,我们就不能像莎士比亚、但丁和乌弗兰的同时代人那样随意欣赏他们的作品。尤其重要的是,随着时间的流逝,诗歌作品中的许多东西都不为我们所理解了(与当时情况有关的思想和语法,对事件和人物的影射);许多东西变得毫无光彩,索然寡味;渊博的注释决不能使后代感到一切都明白而生动,如同当时的人所感到的一样;而且,渊博的注释与美的欣赏是两个互相矛盾的东西;更不要说,有了注释,诗歌作品就不再为大家所易诵了。尤其重要的是,文明的发展和思想的变迁有时会剥夺诗歌作品中所有的美,有时竟使它变为不愉快甚或讨厌的东西。我们不要举许多例子,只说罗马诗人中最朴素的维吉尔的牧歌就够了。[①]

文学艺术的审美价值,确实是有很强的时代性的。特别是其中有的内容,随着文化、文明、社会、政治、道德观念的变化,有时甚至会美丑移位。随着时间的推移,有的美会丧失。除了文学,音乐、绘画、戏剧、建筑等等,莫不如此。因此艺术是替代不了也弥补不了自然之生生不息的美的。

四、"现实中的美是不经常的。"——这是真的;但艺术中的美是僵死不动的,那就更坏得多。一个人能够看一个活人的面孔几个钟头,看一幅画看到一刻钟就会厌倦,要是有人能在画前站上一个钟头,那便是稀有的美术爱好者了。诗比绘画、建筑和雕刻都要生动,但即使是诗,也会使我们很快就感觉厌腻;自然,一个人读一本小说,能一连读到五次,那是很难找到的;而生活、活的面孔和现实的事件,却总是以它们的多样性

---

① 车尔尼雪夫斯基:《艺术与现实的审美关系》,周扬译,人民文学出版社1979年版,第57页。

而令人神往。①

无论艺术家如何千方百计表现形象的"动态","不选取情节发展中的顶点",②如何"选择最富有孕育性的那一顷刻",③但最终形象总还是固定形态的。所以车尔尼雪夫斯基称之为"僵死不动",不能常看常新,"很快就感觉厌腻",它不可能弥补虽"不经常",但丰富变化的自然美之不足。

五、"自然中的美只有从一定的观点来看才是美的,"——这个思想几乎总是不对的;但是对于艺术作品,它倒几乎总是适用的。所有不属于我们这个时代并且不属于我们的文化的艺术作品,都一定需要我们置身到创造那些作品的时代和文化里去,否则,那些作品在我们看来就将是不可理解的、奇怪的,但却是一点也不美的。假如我们不置身于古希腊的时代,莎孚和安拉克里昂的诗歌在我们看来就会是毫无美的快感的词句,正像人们羞于发表的那些现代作品一样;假如我们不在思想上置身于氏族社会,荷马的诗歌就会以它

---

① 车尔尼雪夫斯基:《艺术与现实的审美关系》,周扬译,人民文学出版社1979年版,第58页。
② 莱辛:《拉奥孔》,朱光潜译,人民文学出版社1979年版,第18页。
③ 莱辛:《拉奥孔》,朱光潜译,人民文学出版社1979年版,第83页。

那犬儒主义、粗野的贪婪和道德情感的缺乏,令我们不快。希腊的世界距离我们太远了,我们就以更近得多的时代来说吧。在莎士比亚和意大利画家的作品里有多少地方,我们只有靠回到过去和过去对事物的概念,才能理解和玩味啊!我们再举一个更接近我们时代的例子:谁要不能置身于歌德的《浮士德》所表现的那个追求和怀疑的时代,就会把《浮士德》看成一部奇怪的作品。[①]

在这里,车尔尼雪夫斯基提出了一个艺术审美定律:对于过去时代的作品,必须置身于那个时代的文化环境中,才能发现和判定其美丑。而自然美则不受此影响,因为欣赏自然不必有概念的指引。春天的太阳,鲜花,草地,森林,夏天的彩虹,山泉,不用任何概念的引导就能欣赏。

六、"现实中的美包含许多不美的部分或细节。"——但是在艺术中不也是如此吗?只不过程度更大罢了。请举出一件找不到缺点来的艺术作品吧。……假如在自然和活人中没有完美的话,那末,在艺术和人们的事业中就更难找到了:"后果不可能有前因(即人)中所没

[①] 车尔尼雪夫斯基:《艺术与现实的审美关系》,周扬译,人民文学出版社1979年版,第58—59页。

有的东西。"谁想要证明一切艺术作品是如何贫弱,他有非常之多的机会。自然,这种作法与其说是表明他没有偏见,不如说是表明他心地尖酸;不能欣赏伟大艺术作品的人是值得怜悯的;但是如果赞美得太过分,那就要记得,既然太阳上也有黑点,"人世间的事情"就更不可能没有缺陷。[1]

车尔尼雪夫斯基指出一切伟大作品都有瑕疵,他是想说,现实自然是"因",艺术是"果",自然美有瑕疵的话,艺术也必然有瑕疵。"假如在自然和活人中没有完美的话,那末,在艺术和人们的事业中就更难找到了":"后果不可能有前因(即自然和人的生活)中所没有的东西。"这是对黑格尔唯心主义的明确颠倒,也说明艺术不可能成为自然美不足的补救。在这里,车尔尼雪夫斯基无意中做了一个文艺批评的鲜明示范,对作品——哪怕是经典作品——既要看到它美的地方,也要毫不客气地指出它的不足。不能片面极端"捧杀",也不能"棒杀"。比如他说:"瓦尔特·司各脱的小说拉得太长,狄更斯的小说几乎总是感伤得发腻,而且也常常太长了,萨克莱的小说有时(毋宁说常常如此)因经常表现恶意嘲讽的直率而令人不快。……荷马的诗缺少连贯

---

[1] 车尔尼雪夫斯基:《艺术与现实的审美关系》,周扬译,人民文学出版社1979年版,第59—60页。

性;埃斯库罗斯和索福克勒斯都太枯燥和拘谨,再有,埃斯库罗斯缺乏戏剧性;欧里庇得斯流于悲伤;莎士比亚失之于华丽和夸大;他的剧本的艺术结构假如能像歌德所说的那样稍稍加以修改的话,那就十分完美了。"[①]

七、"活的事物不可能是美的,因为它身上体现着一个艰苦粗糙的生活过程。"——艺术作品是死的东西,因此,它似乎应该不致受到这个责难。但是,这样的结论是肤浅的,它违反事实。艺术作品原是生活过程的创造物,活人的创造物,他产生这作品决不是不经过艰苦斗争的,而斗争的艰苦粗糙的痕迹也不能不留在作品上。诗人和艺术家,能够像传说中的莎士比亚写剧本那样信手写来,不加删改的,有几个呢?如果一件作品并不是没有经过艰苦劳动而创造出来的,那末,它一定会带着"油灯的痕迹",艺术家就是靠那油灯上的光工作的。

艺术作品必然也带有艰苦创造、反复打磨的痕迹。与生活中美的事物一样。任何艺术品都不可能纯洁无瑕。在生活自然中的美面前,它没有什么值得好高傲的。不过,实

[①] 车尔尼雪夫斯基:《艺术与现实的审美关系》,周扬译,人民文学出版社1979年版,第59页。

事求是说,艺术家创作艺术的才情和高超的技巧,体现在艺术中,还是十分令人欣赏的。车尔尼雪夫斯基不可能不知道。他只是用这个理由反驳费肖尔对现实自然美的"吹毛求疵"。

> 我的意思并不是说,在这分析中列举的一切缺点,在艺术作品上总是表现得非常明显的。我只是想指出,艺术所创造的美无论如何经不起如批评现实中的美那样吹毛求疵的批评。①

这最后一句既表达了车尔尼雪夫斯基的态度,也说明了他的观点。前面所引用列举的费肖尔所论述关于"自然不美"或"自然中没有美"的观点,通过"前8点"进行了据理、据实反驳,证明、肯定了自然美的强有力存在。这里又通过"后7点",反驳他们认为自然美美得不够的"吹毛求疵",他想说明,黑格尔美学所指出的自然美的缺点其实在艺术中更为严重。因此艺术的诞生,不可能是为了弥补现实自然美的不足。

那么艺术的价值何在呢?艺术是因何产生的呢?它们与现实的关系又是怎样的呢?

---

① 车尔尼雪夫斯基:《艺术与现实的审美关系》,周扬译,人民文学出版社1979年版,第60页

第八章 "美是生活(生命)"对几种典型艺术的甄别

为了回答上述三个问题,车尔尼雪夫斯基先腾出手来,分析了几种典型形态的艺术。他说:"也许某些特殊的艺术具有独特的优点,得以使那作品胜过活的现实中的同类现象吧?也许,某种艺术甚至能产生出现实世界中无与伦比的东西吧?这些问题都还没有在我们的总的批评中获得解决,所以我们必须考察一些特殊的事例,以便发现某些艺术中的美与现实中的美的关系,现实中的美是由自然所产生的,是与人对美的愿望无关的。只有这样的分析才会明确地回答下面的问题,即:艺术的起源能否说是由于活的现实在美的方面不能令人满足。"[①]换句话说就是:不把"某些特殊的艺术"仔细考察分析一下,怎么能肯定艺术的起源不是由于"活的现实"不够美,需要艺术来进行弥补和满足呢?值得注意的是,他这里列举的"某些特殊的艺术",其实是黑

---

① 车尔尼雪夫斯基:《艺术与现实的审美关系》,周扬译,人民文学出版社1979年版,第61页。

格尔美学中着重论及的艺术品类。黑格尔通过这几类艺术的有意的排序和分析,逐渐引导出艺术是如何"显现""理念",负载"绝对精神""复归"的。

先看建筑。

建筑

艺术的序列通常从建筑开始,因为在人类所有各种多少带有实际目的的活动中,只有建筑活动有权利被提高到艺术的地位。但是,假如我们把"艺术品"理解为"人在对美的渴望的巨大影响之下所产生的东西",那末,这样来限制艺术的范围,是不正确的。在人民中,或者更准确地说,在上流社会中,美感已经发展到了这样的程度,差不多所有人类生产的东西都是在这种渴望的巨大影响之下设计和制造出来的:如舒适的家庭生活的必需品(家具、器皿、屋内的陈设)、衣服、花园等等。依特鲁立亚花瓶以及古人衣服上的装饰品都被认为"艺术品";它们被归入"雕刻"部门,自然不完全正确;但是我们难道应当把家具制造的艺术看成建筑的一种吗?我们可又把花园与公园归入哪一部门呢?……那末,这些无谓的艺术品与淳朴的现实之间的关系究竟怎样呢?这个问题的答案可以从下面的事实中找到:在所有上述的情形下,我们谈的是人类实际活动的产品,那些活动虽然离开了自己的真正使命——生产必需的或有用的东西,但仍然保留了它们的主要特点,即产生了自然所不能产生的东西。因此,在这种情形之下,艺术产品的美和自然产品的美两者之间的关系,是不成问题的:自然中没有什么东西可以来和刀子、叉子、呢绒、钟表相比,正如同自然中没有什么东西可以来和房屋、桥梁、圆柱等等相比一样。[①]

按照黑格尔美学的观点"艺术是人在对美的渴望的巨大影响之下所产生的东西",建筑正是这样产生的,所以它算是艺术的一种。但车尔尼雪夫斯基觉得根据这个定义确定的"建筑艺术",实在难以与大量的手工业产品、工艺品区分开来。因为建筑既考虑了审美的需要,也同时考虑了生活的实际需要。如果坚持建筑是艺术,就等于承认所有生活中的工业产品都是艺术,自然中没有什么东西可以和工艺产品相比,因此费肖尔的说法是对的:自然产品的美比不过"艺术产品"的美。这当然是车尔尼雪夫斯基所不同意的。

这样,即使我们把在对美的渴望的强大影响之下所创造出来的一切东西,都归入美的艺术的范围,我们

---

① 车尔尼雪夫斯基:《艺术与现实的审美关系》,周扬译,人民文学出版社1979年版,第61—63页。

也还是要说：要么，建筑物保留它们的实用性，在这种情形下就不能被看作艺术品，要么，它们真是艺术品，那末艺术就有权利以它们为骄傲，正如以珠宝匠的产品为骄傲一样。依照我们关于艺术的本质的概念，单是想要产生出在优雅、精致、美好的意义上的美的东西，这样的意图还不算是艺术；我们将会看到，艺术是需要更多的东西的；所以我们无论怎样不能认为建筑物是艺术品。建筑是人类实际活动的一种，实际活动并不是完全没有要求美的形式的意图，在这一点上说，建筑所不同于制造家具的手艺的，并不在本质性的差异，而只在那产品的量的大小。①

车尔尼雪夫斯基说："依照我们关于艺术的本质的概念，单是想要产生出在优雅、精致、美好的意义上的美的东西，这样的意图还不算是艺术"，所以"我们无论怎样不能认为建筑物是艺术品"。因为他觉得建筑与工艺产品的差异还不是"本质性的差异"而只是"量的"差异。我们现在的理论可以把许多工艺品归入"社会美"，而建筑，仍然是归入艺术美的。车尔尼雪夫斯基可能觉得建筑更靠近实际生活，更符合生活的现实要求，建筑即使是一种美，也是一种现实

---

① 车尔尼雪夫斯基：《艺术与现实的审美关系》，周扬译，人民文学出版社1979年版，第63—64页。

美,而不是艺术美。我们知道,出于反唯心主义的立场,他是把现实自然的美看得高于艺术的。把建筑从"艺术"中摘出来,同时又承认它的美,这实际上是提高了建筑美的重要性和审美地位。不过,这又掏掉了黑格尔艺术发展史的第一块基石。在黑格尔美学中,最早的艺术是建筑,然后是雕刻,接着是绘画、音乐、诗歌。从象征的建筑、具象的雕刻和绘画,到概念大量出现的诗歌,绝对精神在艺术中的"显现"越来越走向它自身——理念、概念、哲学。车尔尼雪夫斯基把建筑搬出艺术殿堂之外,当然有"美是生活"的道理,却也强烈地动摇了黑格尔美学艺术史论的根基。

接着,车尔尼雪夫斯基分析下列公认的比较典型的艺术品类:

雕塑与绘画

雕塑和绘画作品有一个共同缺点,使它们不及自然和生活的产物,——它们都是死的、不动的;这已是一致公认的,因此,对于这一点无需再加详论。我们倒不如来探究一下以为这两门艺术胜过自然的那种谬见吧。[①]

[①] 车尔尼雪夫斯基:《艺术与现实的审美关系》,周扬译,人民文学出版社1979年版,第64页。

一开始,就把雕塑和绘画这样典型的艺术视为"死的、不动的",以置于"自然和生活的产物"之下。然后,对这两种艺术之"美"进行分析。

> 雕塑描绘着人体的形状;雕塑中的一切其余的东西都是附属的;因此,我们只谈雕塑是怎样描绘人的外形的。这已成为不易之论,说麦第西或弥罗斯的维纳斯、贝威地尔的阿波罗等神像的轮廓的美胜过活人的美。在彼得堡既没有麦第西的维纳斯,也没有贝威地尔的阿波罗,但是有卡诺瓦的作品;所以我们彼得堡的居民,也敢于在某种程度上判断雕塑作品的美。我们不能不说,彼得堡没有一个雕像在面孔轮廓的美上不是远逊于许多活人的面孔的,一个人只消到任何一条人多的街上去走一走,就可以遇见好些那样的面孔。[1]

雕塑雕刻的主要都是美的人体,但是"死的、不动的"人体哪里有活的人体美呢? 从这一点,艺术比不上"生活"和"生命"。同时车尔尼雪夫斯基又说:"在艺术中,完成的作品总是比艺术家想象中的理想不知低多少倍。但是这个理想又决不能超过艺术家所偶然遇见的活人的美。'创造的

---

[1] 车尔尼雪夫斯基:《艺术与现实的审美关系》,周扬译,人民文学出版社1979年版,第64—65页。

想象'的力量是很有限的：它只能融合从经验中得来的印象；想象只是丰富和扩大对象，但是我们不能想象一件东西比我们所曾观察或经验的还要强烈。"①艺术家创作前先有一个美人的理想，但是这"理想"比生活中实际看到的美人的形象要模糊和微弱。在创作的过程中，他也还不能把理想中的美全面地、毫无遗漏地表现出来。正如刘勰所说的，"方其搦翰，气倍辞前；暨乎篇成，半折心始。何则？意翻空而易奇，言徵实而难巧也。"②那么艺术家在创作中的创造性何以体现呢？

> 艺术家只能做一件事：他能凑合一个美人的前额、另一个的鼻子、第三个的嘴和下颚成为一个理想的美人；③

车尔尼雪夫斯基说："我们不想争论艺术家有时是否果真这样做，但是我们怀疑：第一，那是否必要，第二，想象是否能够凑合那些部分，如果它们真是属于不同的面孔的话。

---

① 车尔尼雪夫斯基：《艺术与现实的审美关系》，周扬译，人民文学出版社1979年版，第65页。
② 刘勰：《文心雕龙·神思》，引自周振甫《文心雕龙注释》，人民文学出版社1981年版，第295页。
③ 车尔尼雪夫斯基：《艺术与现实的审美关系》，周扬译，人民文学出版社1979年版，第65页。

这样的办法只有在一种情形下是需要的,就是:艺术家恰巧尽是遇见这样的面孔,它只有一部分是美的,所有其他部分都丑。"①他认为,生活中的美人那样多,根本没有必要"凑合"。另外,凑合出来的形象未必真正是美的。

人体是一个整体;它不能被肢解开来,我们不能说:这一部分美,那一部分不美。在这里,正如在许多情形下一样,选配、镶嵌、折衷,会招致荒谬的结果。要么,你取其全,要么,你一无所取,——只有这样,你才是对的,至少从你自己的观点看来是对的。折衷主义的标准只适用于残废者,残废者原是折衷的人物。他们当然不能做"伟大雕塑作品"的模特儿。假如一个艺术家为他的塑像选取某个人的前额、另一个人的鼻子、第三个人的嘴,那只是证明他自己缺少审美力,或者至少是不善于寻找真正美的面孔做模特儿。根据上述的理由,我们以为,一个塑像的美决不能超过一个活人的美,因为一张照片决不能比本人更美。②

这么一长段,车尔尼雪夫斯基想说,艺术作品中美人的

---

① 车尔尼雪夫斯基:《艺术与现实的审美关系》,周扬译,人民文学出版社1979年版,第65页。
② 车尔尼雪夫斯基:《艺术与现实的审美关系》,周扬译,人民文学出版社1979年版,第66页。

形象不可能比生活中的美人更美。因此说艺术美能够弥补现实自然美的不足,是不可能的。他这一观点经过了详尽的论证,一、想象超不过现实;二、拼凑难以和谐。他在这里强调人体形象的"整体性"和"和谐感",认为生活中美的形象是各部分和谐的整体。要美全美,要丑全丑,艺术美不过是生活美的模仿。雕塑的美人不如生活中的美人。

再看绘画。他先把绘画"分成描写个别人像和群像的绘画,分成描写外在世界的绘画和描写在风景中,或者用一般的名词说,在背景中的人像和群像的绘画"。①

第一类:描写人像的绘画。

> 至于说到单个的人像的轮廓,那末应该承认,绘画不但不及自然,而且不及雕塑;它不能像雕塑那样充分地、明确地描摹人像。但是,因为有颜色可以任意使用,比起雕塑来,它所描绘的人更近似活的自然中的人,而且它能赋与面部更多的表情。我们不知道将来颜料的调合会达到怎样一个完美的程度;但是在目前这方面的技术情况下,绘画还不能把人体的肤色,尤其是面孔的颜色很好地描出来。②

---

① 车尔尼雪夫斯基:《艺术与现实的审美关系》,周扬译,人民文学出版社1979年版,第67页。

② 车尔尼雪夫斯基:《艺术与现实的审美关系》,周扬译,人民文学出版社1979年版,第67页。

在车尔尼雪夫斯基那个时代,绘画也许还达不到逼真再现自然美的水平。但现代,有画家已能达到这个水平,毫发逼真。不过,即使这样,车尔尼雪夫斯基在开头一段就已经说了,它也是"死的、不动的",比不上现实自然中生活的丰富与生动。

> 绘画(和雕塑)不仅拿它的人像轮廓和表情来向自然夸耀,还拿它的群像来夸耀。这种夸耀就更不合理了。不错,艺术在配置一群人像上有时是无可指摘地成功的,但是它没有理由以这种非常稀少的成就自负;因为在现实中任何时候都没有这方面的失败:在任何一群活人里面,他们每一个人的行动都依照着:一、他们当中所发生的事情的本质;二、个人性格的本质;三、环境。在现实生活中,这一切总是自然而然地为人所遵守的,而在艺术中只有经过很大的困难才能获得。在自然中是"总是自然而然地",在艺术中却是"稀有而且要经过极大的努力",——这个事实,几乎在一切方面都是自然和艺术的特点。①

绘画难以细腻地描绘表现出正面的、丰富的、微妙变化

---

① 车尔尼雪夫斯基:《艺术与现实的审美关系》,周扬译,人民文学出版社1979年版,第68页。

的面部表情。它长于描绘表现负面的情态。如鲁迅所说：画鬼容易画人难。在"经营位置"上，现实人群中个人的位置总是"自然而然"，而艺术却要"经过极大的努力"才能做好。这些都决定了绘画的美不如生活的美，也决定了绘画的产生不是为了弥补自然美之不足。

第二类：描绘自然的绘画。

> 现在我们来看一看描绘自然的绘画吧。人决不能把物体的轮廓用手描绘得或甚至想象得比我们在现实中所见到的更好；理由我们已经在上面说过了。想象决不能想出任何一朵比真的玫瑰更好的玫瑰；而描绘又总是不及想象中的理想。[1]

描绘自然风景的绘画和自然风景更是不能比。最好的风景画也比不过自然风景的美。车尔尼雪夫斯基的主要目的，是要为艺术的发生和起源提出新的意见。不过，他的这一段论述，对我们认识自然美是有启发意义的。我们较长时间以来一直认为，自然美，是美在对自然的改变，所谓"自然的人化"和"人化的自然"。车尔尼雪夫斯基认为：自然的美决不是改变或改造过的自然，而是本来的自然，是不需要

---

[1] 车尔尼雪夫斯基：《艺术与现实的审美关系》，周扬译，人民文学出版社1979年版，第68页。

人去修饰它、改变它的自然,与我们所坚持的理论正相反对。这或许就是车尔尼雪夫斯基的理论长时间不受重视的原因吧?

第三类绘画,风景中的人或人群。

我们还需要看一看第三类绘画——描绘风景中的一群人像的绘画对自然的关系。我们已经看到,绘画所表现的群像和风景在构思上决不能超过我们所看到的现实,在描绘上又总是远逊于现实。但是有一点却说得有理,就是:在绘画中,人物能够被配置在比通常现实环境更有效,甚至更适合于他们的本质的环境中……在这个场合,艺术优越于现实。但是,我们虽然承认这个优越之处,却还必须考虑到,第一,这一点重要到什么程度;第二,这是否永远是真正的优越。——在一幅描绘风景和一群人像的绘画上,通常的情形,要么是,风景只是群像的框子,要么是,群像只是次要的陪衬,画中主要的东西是风景。在第一种情形下,艺术之优越于现实只是限于它替这画找到了一个镀金的框子,而不是普通的框子;在第二种情形下,艺术只是增加了一种也许是美的,但是次要的陪衬,——这个收获仍旧不算很大。当画家竭力给与一群人物以适合他们的性格的环境的时候,画的内在意义就真的会增高吗?在大多数情形下,这是很可怀疑的。幸福的爱情的场面总是被灿烂的阳光照耀着,出现在可爱的青草地上,而且总是在"整个自然都弥漫着爱情的气氛"的春天,而罪恶的场面总是被闪电照耀着,出现在荒野的悬崖绝壁之中,这种表现法不是太千篇一律了吗?而且,现实中所常见的那种环境与事件性质之间的不甚协调,不是正足以加强事件本身给人的印象吗?环境不是几乎常常能影响事件的性质,给与事件以新的色度,给与它以更多的活力和更多的生命吗?[①]

对于绘画能把人配置在更合理的环境之中这样的理论,车尔尼雪夫斯基先表同意,而后淡化之,进一步质疑之。他认为,或者自然陪衬人物,或者人物陪衬自然,意义并不太大,也不重要。他更注重的是"事件的性质","更多的活力和更多的生命"。他反对艺术中的模式化、僵化,反对千篇一律。他认为,环境与事件性质不协调的情况更有两方面的意义:能强化事件本身给人的印象;亦可推进事件的变化发展,给它更多的活力和更多的生命。

综上所述,他认为:"从这些关于雕塑和绘画的考察中得来的最后结论是:我们可以看出,这两种艺术作品在许多最重要的因素方面(如轮廓的美、制作的绝对的完善、表情

[①] 车尔尼雪夫斯基:《艺术与现实的审美关系》,周扬译,人民文学出版社 1979 年版,第 69—70 页。

的丰富等等)都远远不及自然和生活;除了绘画占有一个不大重要的优越之点,如我们刚才所说的以外,我们完全看不出雕塑或绘画有什么地方可以超过自然和现实生活。"①

随之而来的问题是:既然自然如此完美,既然艺术处处不如自然,那么人类创造艺术干什么呢? 艺术的价值和功用何在? 车尔尼雪夫斯基暂不回答,他还要考察一下"音乐和诗——使绘画和雕塑相形见绌的最高、最完美的艺术"。② 这个"最高、最完美"的评价,不是车尔尼雪夫斯基下的,是黑格尔美学中的认识。

音乐

艺术是人借以实现他对美的渴望的一种活动,——这就是艺术的通常的定义;我们并不同意这个定义;但是因为我们还没有把我们的评论完全展开,我们就还没有权利废除这个定义,而往后用我们认为更正确的定义来代替这里所用的定义时,我们也还是不会改变我们关于下列问题的结论,即:歌唱是否在任何时候都是一种艺术? 在什么情况下它才是艺术? 诱导人去歌唱的第一个要求是什么? 那里面多少含有对美的

---

① 车尔尼雪夫斯基:《艺术与现实的审美关系》,周扬译,人民文学出版社 1979 年版,第 70—71 页。
② 车尔尼雪夫斯基:《艺术与现实的审美关系》,周扬译,人民文学出版社 1979 年版,第 71 页。

渴望吗?[1]

第一句"艺术的通常定义"是黑格尔美学中的认识。在黑格尔美学中,所谓"对美的渴望"其实就是"显现""概念"的渴望。车尔尼雪夫斯基明确说,不同意这个定义。随后他提出了四个问题,在回答这四个问题中展开自己的理论观点。

歌唱是否在任何时候都是一种艺术呢？车尔尼雪夫斯基认为并不是。他说：自然的歌唱"完全不是美学上所说的'艺术'。"所谓"美学上所说的",即是黑格尔美学所说的,即是"美的渴望"的产物,需要"显现""概念"。他分析说：

> 一个人在平静的时候是可以沉默寡言的。一个人在悲欢情感的影响之下却变成健谈的了；不但如此：他简直非流露他的情感不可——"情感要求表现"。这些情感怎样向外在世界表现呢？各色各样地,看情感的性质如何而定。骤然的和震惊的感觉是用叫喊或惊叹来表现的；不快的感觉到了肉体痛苦的程度,是用各种怪脸和动作来表现的；强烈的不满的情感,也是用不安静、猛烈的动作来表现的；最后,悲欢的情感,有人对谈

---

[1] 车尔尼雪夫斯基：《艺术与现实的审美关系》,周扬译,人民文学出版社1979年版,第71页。

时,用语言,无人对谈或本人不愿谈话时,用歌唱。……歌唱实际上是一种悲欢的表现,决不是由于我们对美的渴望而产生的。……歌唱是情感的产物,艺术却注意形式,所以它们是两种完全不同的东西。歌唱像说话一样,原本是实际生活的产物,而不是艺术的产物;但是,像任何其他的"技能"一样,歌唱为了达到高度的完美,要求熟练、训练和练习;又和所有的器官一样,歌唱的器官——嗓子——要求改进、锻炼,使之成为意志的顺从的工具,于是,在这一点上说,自然的歌唱就变成"艺术"了,但也只是在这个意义上,如同写字、绘图、计算、耕地以及一切实际活动都被称为"艺术"的这个意义上,而完全不是美学上所说的"艺术"。[①]

这个论点有意思:说歌唱不是艺术,而只是表现情感的一种方式,是"情感的产物"。真正情感的表现不会刻意追求"形式",也不会刻意追求"美",它不符合流行的美学对于艺术的定义,即"艺术是人借以实现他对美的渴望的一种活动"。这和车尔尼雪夫斯基把建筑从"艺术"中摘出的目的是一样的。把它们摘出来,就是它们的美不能用以证明黑格尔美学关于"美本质"和"艺术"的定义,却能更好地体现

[①] 车尔尼雪夫斯基:《艺术与现实的审美关系》,周扬译,人民文学出版社1979年版,第71—72页。

"生活"和"生命",因而比黑格尔美学所说的"艺术"有更高的美。

但是,他又说,有一部分歌唱却是艺术,就是为了把歌唱得好听,需要确定曲调、调整旋律,需要练声,需要表演,这就是艺术了。这种歌唱属于"人工的歌唱",而生活中自然抒情的歌唱是"自然的歌唱"。自然的歌唱"不讲究美","却反而具有高度的美"。前一个"美"是黑格尔之美——"概念的显现",后一个"美"是车尔尼雪夫斯基之美——生活、生命。

> 自然的歌唱,作为一种情感的表现,虽是自然的产物而不是讲究美的艺术的产物,却反而具有高度的美;有目的地去歌唱、去模仿自然的歌唱的欲望就是由此而来的。这种人工的歌唱与自然的歌唱到底有什么关系呢?人工的歌唱是更多地苦心经营过、估量过,用人的天才所能尽到的一切力量润饰过的:意大利歌剧的抒情曲与民歌的朴素、贫弱、单调有多么大的差别!——但是,纵然一个出色的抒情曲和声很讲究,曲调展开很优美,润色又很富丽,纵然表演者的声音柔和而又不可比拟地丰富,都不能补偿真挚情感的欠缺,这种情感浸透于民歌的简单曲调中,浸透于歌唱者的朴素无华、未加训练的声音中,他唱,并非想要炫耀才华,表现他的声音和技巧,而只是由于他需要流露他的情

感。自然的歌唱和人工的歌唱的区别,正如同扮演快乐或悲伤角色的演员和实际上快乐或悲伤的人的区别,即是原本和抄本、真实和模仿的区别。[①]

自然的歌唱表达生活中的真情实感,所以特别感动人。而人工的歌唱,往往偏重技巧、苦心经营、经过加工和润饰,它注重的是形式,而不是生活中真实的情感表达。所以它的美比不上自然的歌唱。不过,他也没把话说得太绝对。他补充说:"作曲者也许真的充满了他的作品所要表现的情感,因而他能够写出一些不单在外在的美上,而且在内在的价值上也远远超过民歌的东西;在这种情形下,他的曲子就是一件艺术作品或'圆熟'的作品"。[②] "圆熟"的作品是不是艺术作品呢?犹豫了一下,他还是坚守他的立场:"在本质上,作曲者在自发的情感的强大影响之下所写的作品,一般地只能算是自然(生活)的产物,不能算是艺术的产物。"[③]他接着说:

---

① 车尔尼雪夫斯基:《艺术与现实的审美关系》,周扬译,人民文学出版社1979年版,第72—73页。
② 车尔尼雪夫斯基:《艺术与现实的审美关系》,周扬译,人民文学出版社1979年版,第73页。
③ 车尔尼雪夫斯基:《艺术与现实的审美关系》,周扬译,人民文学出版社1979年版,第73页。

> 同样,一个熟练的富于感情的歌唱者能够钻进他所担任的角色里面去,内心充满歌中所要表现的感情,在这情形下,他登台当众歌唱,唱得比另外一个不登台当众,仅仅由于表现丰富的情感而歌唱的人更好;但是在这种情形下,那歌唱者就不再是一个演员,他的歌唱变成了自然本身的歌唱,而不是艺术作品。[①]

在车尔尼雪夫斯基看来,表达真实情感的歌唱是美的,但不是艺术。注重形式技巧的歌唱是艺术,歌唱者也只是一个"演员",但不美。当然这里所说的"美"是"生活",而不是"概念与形式的统一"。真情自然流露,而非炫耀技巧,才是歌唱美之所在。炫耀技巧的"艺术"的美远远比不上"情感的真实流露"的生活的美。

但是,"一个熟练的富于感情的歌唱者能够钻进他所担任的角色里面去,内心充满歌中所要表现的感情,在这情形下,他登台当众歌唱,唱得比另外一个不登台当众,仅仅由于表现丰富的情感而歌唱的人更好;但是在这种情形下,那歌唱者就不再是一个演员,他的歌唱变成了自然本身的歌唱,而不是艺术作品。"这又为上乘的歌唱表演留下了一个口子,为歌唱表演抒发真情提出了更高的要求。究其目的,

---

[①] 车尔尼雪夫斯基:《艺术与现实的审美关系》,周扬译,人民文学出版社1979年版,第73页。

也是在于用"生活"抵制"概念",用"物质"反对"精神"。因为"情感"是生活的产物,而"概念"是"精神"的预设。

音乐中分声乐——即歌唱——和器乐,说到音乐中的器乐,车尔尼雪夫斯基的见解也很独到:

> 器乐本来的和主要的目的是作为歌唱的伴奏。不错,到后来,当歌唱主要地成为社会上流阶级的艺术,而听众对于歌唱的技术又要求更苛的时候,因为缺乏令人满意的声乐,器乐便代替声乐而独立起来;这也是真的:因为乐器的完备,乐器演奏技术的特别发达,以及人们对于演奏(不管内容如何)的普遍的偏爱,器乐具有充分的权利来要求它的独立性。虽然如此,器乐和声乐的真正关系,仍然保留在作为音乐艺术之最完美的形式的歌剧里面和一些其他公开演奏的音乐部门里面。人不能不注意到,不管我们的趣味多么虚矫,也不管我们对困难而灵巧的优秀技术的高雅的嗜好,每个人还是爱好声乐甚于爱好器乐:歌唱一开始,我们便不再注意乐队。提琴比一切乐器更为人所爱,就是因为它"比一切乐器更接近人的声音",对于演奏者最高的赞美就是说:"在他的乐器的声音里听得到人类的声音。"可见器乐是声乐的一种模仿,是声乐的附属品和代替物;作为艺术的歌唱又只是自然歌唱的模仿和代替物。因此,我们有权利说,在音乐中,艺术只是生活现象的可怜的再现,

生活现象是与我们对艺术的渴望无关的。[1]

在车尔尼雪夫斯基的美的观念里,现实自然生活中的"人"至高无上。所以作为自然生活中人的情感表达的歌唱是最美的,"人工的歌唱"次之,而器乐,只是歌唱的伴随和代替,是人声的模仿,又次之。器乐虽然有相对的独立性,但在音乐系列里,却不如自然的歌唱美。专业歌唱家和器乐演奏家常常还不如一个民歌手。不知道车尔尼雪夫斯基的这个认识对于音乐领域的专业人员来说是一种什么感受。多半不受待见。他为了强调来自"生活"之美的重要性,对歌唱"艺术"和"器乐演奏艺术"的地位看得不同于常识,与我们日常的对音乐的神圣感受和认识是有较大差距的。

不过车尔尼雪夫斯基的理论逻辑,是可以自洽的。他是想证明,艺术创造的目的不是为了追求"美"——这个"美"是黑格尔之美,即形象与概念完美统一。同时他也要证明,艺术是肩负不了弥补自然美之不足这个使命的。他强调了在艺术与生活关系中,人的生活的本原性,对那种为艺术而艺术、脱离生活中人的生命需要的"艺术"是一种反对。这个理论在中国的翻译出版,对我国二十世纪后半叶强调"艺术源于生活",文学家艺术家要出好的作品,必须

---

[1] 车尔尼雪夫斯基:《艺术与现实的审美关系》,周扬译,人民文学出版社1979年版,第73—74页。

"深入生活"的美学思潮,强调向民歌学习,文艺为工农兵服务的理论起到了引领和推动的作用。

所有艺术,诗放在最后讨论,带有总结的意味。诗是黑格尔美学最为推崇的艺术品类。

诗

> 现在我们来谈谈诗,这一切艺术中最崇高、最完美的艺术吧。诗的问题包括着艺术的全部理论。以内容而论,诗远胜于其他的艺术;一切其他的艺术所能告诉我们的,还不及诗所告诉我们的百分之一。①

在黑格尔美学中,诗是以概念为媒介的,与"精神"有同质性,因此它对精神内容的表达,比起其他艺术门类,不但量大,而且质高。车尔尼雪夫斯基话锋一转:

> 但是,当我们把注意转移到诗和其他艺术在人身上所产生的主观印象的力量和生动性的时候,这种关系就完全变了。一切其他艺术,像活的现实一样,直接作用于我们的感觉,诗则作用于想象。有些人的想象比别人更为敏锐和活跃,但是一般地应当说,在健康的

---

① 车尔尼雪夫斯基:《艺术与现实的审美关系》,周扬译,人民文学出版社1979年版,第74页。

人,想象的形象比起感觉的印象来是暗淡无力的;因此应该说,在主观印象的力量和明晰上,诗不仅远逊于现实,而且也远逊于其他的艺术。①

在黑格尔美学中,诗所使用的概念比起其他种类的艺术更接近"精神"。建筑是"用单纯的有重量的物质,以象征的方式去表现精神生活",雕刻"把精神的自然形像作为占空间的外在事物刻划到实在的物质上去",绘画"按照外在现象去把一种内容提供观照",②音乐在艺术发展中向前迈进一步,"因为音乐把单纯的内心生活和主体情感,不是表现为可以眼见的形像,而是表现为专供心领神会的震动的声音图案"。③ 诗,作为语言的艺术,"在一个更高的阶段上,在精神内在领域本身里,结合于它本身所形成的统一整体。"④当然诗也要提供"观照的鲜明形像,因为艺术想像的基本原则一般都是要提供可供观照的形像;但是诗特别要在观念或思想中活动,而观念或思想是精神性的,所以诗要显出思想的普遍性,就不能达到感性观照的那种明确性"。⑤ 在黑格尔

---

① 车尔尼雪夫斯基:《艺术与现实的审美关系》,周扬译,人民文学出版社1979年版,第74页。
② 黑格尔:《美学》第三卷下册,朱光潜译,商务印书馆1981年版第5页。
③ 黑格尔:《美学》第三卷下册,朱光潜译,商务印书馆1981年版第4页。
④ 黑格尔:《美学》第三卷下册,朱光潜译,商务印书馆1981年版第4页。
⑤ 黑格尔:《美学》第三卷下册,朱光潜译,商务印书馆1981年版第5—6页。

排列的艺术类型的座次中,诗,位次最高。所以车尔尼雪夫斯基说"诗"是"一切艺术中最崇高、最完美的艺术",并指出:"诗的问题包括着艺术的全部理论。"

不过车尔尼雪夫斯基认为,诗只是唤起我们的想象而不是直接作用于我们的感觉,从生活中的美是"直接作用于我们的感觉"而言,"诗不仅远逊于现实,而且也远逊于其他的艺术。"在黑格尔美学中,诗排位最高,而在车尔尼雪夫斯基美学中,诗排位最低。

车尔尼雪夫斯基指出,即使按黑格尔对艺术要塑造典型的标准,诗最大的问题,是它不能真正塑造"典型"。"个性"在"典型"中很重要,"诗既然力图给与它的形象以活生生的个性,就正是承认个别事物的高度的优越性;可是诗决不能达到个性,而只能做到稍稍接近它,而诗的形象的价值就取决于这种接近的程度如何。"[①]在车尔尼雪夫斯基看来,"诗歌作品中描画得最好的最明确的人物,仍然只是一个一般的、轮廓不明确的略图,不过由读者的想象(实际上是回忆)给与它以生动的、明确的个性而已。"[②]因此它也难以体现"一般性",因为一般性寓于个性之中。这两者诗都做不好,怎么能塑造出"典型性格"呢?而现实生活中的人,

---

① 车尔尼雪夫斯基:《艺术与现实的审美关系》,周扬译,人民文学出版社1979年版,第75页。

② 车尔尼雪夫斯基:《艺术与现实的审美关系》,周扬译,人民文学出版社1979年版,第75页。

每个人都有其个性,因此也体现出人的一般性。现实中的人才是真正"典型"的。艺术要怎样才能完成弥补现实生活中"典型性格"不足的使命呢?

> 人们通常说:"诗人观察了许多活生生的个人;他们中间没有一个可以作为完全的典型;但是他注意到他们中间每一个人身上都有某些一般的、典型的东西;把一切个别的东西抛弃,把分散在各式各样的人身上的特征结合成一个艺术整体,这样一来,就创造出了一个可以称为现实性格的精华的人物。"假定这一切是完全正确的,而且总是如此的吧;但是事物的精华通常并不像事物的本身:茶素不是茶,酒精不是酒;那些"杜撰家"确实就是照上面所说的法则来写作的,他们给我们写出的不是活生生的人,而是以缺德的怪物和石头般的英雄姿态出现的、英勇与邪恶的精华。[①]

用"拼凑"的写法塑造典型,车尔尼雪夫斯基认为那根本算不上典型。"茶素不是茶,酒精不是酒",这种写法写出的不过是"缺德的怪物"和"石头般的英雄"。就是说,这样写出来的形象,失去了人性、人的感情、人的个性。这样写,只会雷同,只可能千篇一律。诗人只有按照生活实有人物

[①] 车尔尼雪夫斯基:《艺术与现实的审美关系》,周扬译,人民文学出版社 1979 年版,第 76 页。

的样子来写,才可能创造美。

> 诗人"创造"性格时,在他的想象面前通常总是浮现出一个真实人物的形象,他有时是有意识地、有时是无意识地在他的典型人物身上"再现"这个人。……对于这一点你也许要说:固然真人常常是诗中人物的蓝本,但是诗人"把他提高到了一般的意义",——这提高通常是多余的,因为那原来之物在个性上已具有一般的意义;人只须能够理解真人的性格的本质,能用敏锐的眼光去看他就行了,……此外,还必须理解或体会这个人物在被诗人安放的环境中将会如何行动和说话,……第三,必须善于按照诗人自己的理解去描写和表现人物,这也许是诗的天才的最大特征。[1]

实际的创作过程,是诗人如何再现和模仿现实生活中的人物:理解人物的本质,体会人物在特定环境中的言行,按照诗人自己的理解写出来。"去理解,能够凭着本能去揣度或体会,并且把所理解的东西表达出来,——这就是诗人在描写大多数人物的时候所碰到的课题。"[2]凭着"本能"去

---

[1] 车尔尼雪夫斯基:《艺术与现实的审美关系》,周扬译,人民文学出版社1979年版,第76—77页。

[2] 车尔尼雪夫斯基:《艺术与现实的审美关系》,周扬译,人民文学出版社1979年版,第77页。

揣度或体会,而不是按照某种"概念"创作,才是文学创作的真正使命。

> 总之,关于诗人的性格、生平和他所接触的人们,我们知道得愈多,就愈能在他的作品中看出活人的肖像。在诗人所描写的人物中,不论现在或过去,"创造"的东西总是比人们通常所推测的少得多,而从现实中描摹下来的东西,却总是比人们通常所推测的多得多,这一点是很难抗辩的。从诗人和他的人物的关系上来说,诗人差不多始终只是一个历史家或回忆录作家,这也是我们常常会得到的一个信念。①

就是说,立足于通过综合、归纳、抽象得出的"一般性"是创造不出"典型性格"的,只能创作出类型化的人物而不是生活中活生生的人。车尔尼雪夫斯基认为,只有立足于现实中人物的个性,才能创作出真正的"典型人物",因为现实中有个性的人物本身已具有作为"人"的"一般性"。天才诗人只需要做到三点就能创造出"典型性格":一、用敏锐的眼光观察现实中的人;二、理解或体会这个真实的人物在特定环境中的言行;三、善于按照自己的理解去描写和

---

① 车尔尼雪夫斯基:《艺术与现实的审美关系》,周扬译,人民文学出版社1979年版,第78页。

表现这个人物。所谓"理解",就是"凭着本能去揣度或体会"。"凭着本能"这四个字很关键,诗人也是一个现实的人,他的"本能"和被描写对象的"本能"是一样的,这就是人作为人的"一般性"。话说到这里,我们明白了车尔尼雪夫斯基的意思:"典型性格"是诗人——即使是天才诗人——比照生活真人写出来的人物,尚且也还不能充分描写和表现,诗怎么能弥补现实美的不足呢?或许有人说,诗"独出心裁""虚构"和"创造"了现实中没有的人物和故事,这总是诗之所长吧。车尔尼雪夫斯基不这样认为,他在"所谓'创造'"一段对这个陈述了很多,举了很多例证,无非为了表明一句话:文学作品中的所有曲折离奇的情节,都来自现实生活。甚至它们都没有能完全精彩地再现这些生活故事。

因此我们不能不说:现实中有许多的事件,人只须去认识、理解它们而且善于加以叙述就行,它们在历史家、回忆录作家或逸事搜集家的纯粹散文的叙述中不同于真正的"诗歌作品"的,只有下面几点:它们比较简洁,场景、描写以及诸如此类的细微末节的发展较少。而这就是诗歌作品和真实事件的精确的散文叙述的主要区别。①

---

① 车尔尼雪夫斯基:《艺术与现实的审美关系》,周扬译,人民文学出版社1979年版,第80页。

车尔尼雪夫斯基最后总结,诗歌作品也就是在修辞、点缀、人物与其参与事件的结合上有特长,但是在其他方面,如"在情节、典型性和性格化的完美上,诗歌作品远不如现实"。[①] 车尔尼雪夫斯基认为,生活丰富,诗歌单调;生活新鲜生动,诗歌机械重复;生活简朴真实,诗歌夸饰虚构。相比之下,还是现实自然中的生活更美,诗虽是艺术之冠,比生活更为不及。艺术的价值被夸张了。

车尔尼雪夫斯基认为,人们之所以夸大艺术的价值,是因为:一、创造它比较困难、稀有;"这种意见的第一个根源,是非常重视困难的事情和稀有的事物的人之常情。"[②] 二、它是人的作品,人更重视人自己的作品。"我们只尊重人类的力量,只尊重人。这就是我们对艺术作品偏爱的第二个根源:艺术作品是人的产物;因此我们才以它们为骄傲,把它们看做接近我们自己的东西;它们是人的智慧和能力的明证,因此对于我们是宝贵的。"[③] 下面还有第三个理由:"艺术能迎合我们爱矫饰的趣味。"

---

① 车尔尼雪夫斯基:《艺术与现实的审美关系》,周扬译,人民文学出版社1979年版,第80页。

② 车尔尼雪夫斯基:《艺术与现实的审美关系》,周扬译,人民文学出版社1979年版,第82页。

③ 车尔尼雪夫斯基:《艺术与现实的审美关系》,周扬译,人民文学出版社1979年版,第84页。

我们所列举的偏袒艺术的理由是值得尊重的,因为那是自然的理由:人怎能不尊重人类的劳动,不爱人,不珍视那足以证明人的智慧和能力的产物呢?但是我们偏爱艺术的第三个理由恐怕就不应该受到这样的尊重了,这就是:艺术能迎合我们的爱矫饰的趣味。[①]

　　如果说前两个理由多少能得到车尔尼雪夫斯基的尊重,这第三个理由:繁琐与矫饰,深为他所厌弃。他崇尚自然,热爱生活,对艺术中流行的细节的繁琐和匠心的矫饰连同与它同样的社会风气给予了无情的嘲讽。一方面,是对现实自然之美的肯定,另一方面,可能也是对当时文坛和艺术界流行的夸饰风尚的深深厌恶。

　　话说到这里,那个回避不开的问题就不能不回答了:既然艺术美处处不如现实自然之美,现实自然中的美就能满足人们对美的追求,那么人类为什么要劳心劳力地创造艺术呢?艺术的价值何在?

---

① 车尔尼雪夫斯基:《艺术与现实的审美关系》,周扬译,人民文学出版社1979年版,第84—85页。

第九章 艺术起源的两个目的：
再现现实、说明生活

车尔尼雪夫斯基认为，艺术的起源是有目的的。对于艺术起源，有不同的说法：有的认为艺术起源于巫术，有的认为艺术起源于游戏，有的认为艺术起源于劳动。艺术都是在人类的功利活动中偶然地产生，然后功利因素慢慢蜕去，只剩下审美的元素逐渐走向独立而成今天的"艺术"。黑格尔的说法是从"唯心主义"的"绝对精神"决定论提出的：艺术的产生是为了使"外化"为自然的"精神"复归"精神"，使受到"限制"的"精神"解除"限制"，失去"自由"的"精神"重获"自由"。车尔尼雪夫斯基则与以上的认识都不同。他认为艺术就应该是为人类的审美需要而诞生的。美是生活，美是生命。现实自然中已有美，而且比艺术更美。之所以还会产生艺术，一定是因为现实自然的美有艺术美可以超越的地方。是什么呢？

艺术的第一目的是再现现实

自然和生活胜过艺术；但是艺术却努力迎合我们

的嗜好,而现实呢,谁也不能使它顺从我们的希望——希望看到一切事物都像我们最喜欢,或最符合我们常常偏颇的概念的那个样子。这种投合流行的思想方式的例证很多,我们只举一个:很多人要求讽刺作品中包含"可以使读者倾心相爱的"人物,这原是一个极其自然的要求;但是现实却常常不能满足这个要求,有多少事件并没有一个可爱的人物参与在内;艺术几乎总是顺从这个要求,例如在俄国文学里面,不这样做的作家,除了果戈理,我们不知道还有什么人。就是在果戈理的作品中,"可爱的"人物的缺乏也由"高尚的抒情的"穿插所弥补了。再举一个例:人是倾向于感伤的;自然和生活并没有这种倾向;但是艺术作品几乎总是或多或少地投合着这种倾向。上述的两种要求都是由于人类的局限性的结果;自然和现实生活是超乎这种局限性之上的;艺术作品一方面顺从这种局限性,因而变得低于现实,甚至常常有流于庸俗和平凡的危险,另一方面却更接近了人类所常有的要求,因而博得了人人的宠爱。[1]

艺术能迎合人的偏颇的嗜好。这些嗜好是"人为的要

---

[1] 车尔尼雪夫斯基:《艺术与现实的审美关系》,周扬译,人民文学出版社1979年版,第86页。

求"而非"自然的要求",是"人类的局限性的结果",现实自然不会满足这种要求,而艺术为了博得"人人的宠爱",可以刻意满足这种要求。这是艺术长于自然的地方,恰恰也是艺术短于自然的地方。因为人低俗的嗜好不应该,也不需要满足。迎合这种嗜好反而使艺术降低了品位。这应该不是艺术产生的根本原因。

> 现实出现在我们面前是与我们的意志无关,而且多半是不合时宜的。我们去交际、游玩,常常不是为了欣赏人类的美,不是为了观察人的性格,注视人生的戏剧;我们出门时满怀心事,无暇获取各种印象。但是有谁到绘画陈列馆去不是为了欣赏美丽的绘画呢?有谁看小说不是为了研究书中所描写的人物性格和探究情节的发展呢?[①]

现实往往不会引起我们专门的"审美注意",而当我们面对艺术作品的时候,"审美注意"是被提前唤醒了的。正是这种审美注意,使得艺术留给我们的印象比现实的美留给我们的印象更为深刻。有时,我们为了躲避现实的某种不想面对的现象,还会求助于艺术转移我们的注意。

---

① 车尔尼雪夫斯基:《艺术与现实的审美关系》,周扬译,人民文学出版社1979年版,第87页。

我们更不用说,每个人对生活现象的评价都不同,因为在每一个别的人看来,生活只是别人所看不见的一些特殊现象,所以整个社会不能对这些现象作出判决,而艺术品却是由舆论的法官来判断的。[①]

现实生活现象常常使我们视而不见,久嗅而不闻其香,不知道哪些生活现象具有什么样的价值。而艺术则不然,它是由艺术评论家经过挑选推荐给我们的,是经过评论家对作品的价值先作了判断然后向我们介绍的。"生活现象如同没有戳记的金条;许多人就因为它没有戳记而不肯要它,许多人不能辨出它和一块黄铜的区别;艺术作品像是钞票,很少内在的价值,但是整个社会保证着它的假定的价值,结果大家都宝贵它,很少人能够清楚地认识它,它的全部价值是由它代表着若干金子这个事实而来的。"[②]

当我们观察现实的时候,它好像一种完全独立的东西,独自地吸引我们的注意,难得让我们有想到我们的主观世界、我们的过去的可能。但是当我们看一件艺术作品的时候,我就有主观的回忆的完全自由,而且

---

① 车尔尼雪夫斯基:《艺术与现实的审美关系》,周扬译,人民文学出版社1979年版,第88页。
② 车尔尼雪夫斯基:《艺术与现实的审美关系》,周扬译,人民文学出版社1979年版,第88页。

艺术作品通常都是引起有意识或无意识的幻想和回忆的一种原因。[①]

观察现实的时候，难得让我们回想过去，而对艺术作品的观照，常常能勾起我们对往事的回忆。比如"当我看到现实中的悲剧场面的时候，我不会回想到自己的事；而当我读到小说中关于某个人物的死亡的插曲时，我的记忆中就会清晰地或模糊地再现出我亲身经历的一切危险、我的亲人亡故的一切事例来"。这种能使人唤醒回忆的力量，很被车尔尼雪夫斯基所重视：

> 艺术的力量通常就是回忆的力量。正是由于它那不完美、不明确的性质，正是由于它通常只是"一般的东西"，而不是活的个别的形象或事件，艺术作品特别能唤起我们的回忆。当我看到一幅不像我的任何熟人的完美的画像的时候，我会冷淡地掉过头去，只说："这不坏，"但是当我看到一幅仅只约略描出的、不明确的、谁也无法从那里清楚地认出自己的相貌的速写的时候，这贫乏无力的画却使我想起了一个亲爱的人的面容；我对那洋溢着美和表情的生动的面孔只是冷淡地

---

① 车尔尼雪夫斯基：《艺术与现实的审美关系》，周扬译，人民文学出版社1979年版，第88页。

看几眼,而看这幅毫无价值的速写时我却陶醉了,因为它使我想起了我自己。①

"回忆的力量",是车尔尼雪夫斯基为艺术的发生找到的第一个理由。不过这里他没有说破。

> 艺术作品还有一方面,使无经验的或短视的人看来,好像艺术是胜过生活和现实现象的,那就是:在艺术作品里面,一切都由作者亲自展露出来,加以说明;但是自然和生活却要人用自己的力量去揣摩。在这里,艺术的力量就是注释的力量;但是这一点我们后面再说。②

"注释的力量"是车尔尼雪夫斯基为艺术的发生找到的第二个理由。他也留待"后面再说"。

论述到这里,车尔尼雪夫斯基归纳了五种艺术创作和欣赏中的规律。他首先提出,如果说艺术之美比不上现实自然之美,那为什么艺术留给我们的"印象"总是比现实自然留给我们的深刻鲜明呢?

---

① 车尔尼雪夫斯基:《艺术与现实的审美关系》,周扬译,人民文学出版社 1979 年版,第 88—89 页。
② 车尔尼雪夫斯基:《艺术与现实的审美关系》,周扬译,人民文学出版社 1979 年版,第 89 页。

一、艺术可以迎合人的低级趣味的某些嗜好。

二、艺术使人离开熟视无睹的现实境况,进入作品所指引、所营造的艺术环境和精神时空中观赏到生活现象。它能使我们神思专注,获得较强烈的审美体验。

三、艺术作品附带着批评家的评论,不但看到艺术作品中描绘的生活现象,同时也看到许多"别人"对它的价值判断。

四、现实生活不大引起回忆。而艺术作品却能唤醒我们对往事的回忆。

五、现实自然中的美是没有注释和说明的,不明其所以然,印象常常浅淡。而艺术作品中,作者把事物的来龙去脉交代得清清楚楚,其中还有议论和说明,读作品能够使人对生活现象看得清楚明白一些,所以印象深刻。

这五条理由,使艺术比自然美更讨喜,前三条,是在艺术发展过程中产生的现象,还不能算是艺术起源的原因。而后两条,却成了后面论述的,艺术发生的两条极重要的理由。

  关于艺术的起源和作用的流行的意见可以叙述如下:"人有一种不可克制的对美的渴望,但又不能够在客观现实中寻找出真正的美来;于是他不得不亲自去创造符合他的要求的事物或作品,即真正美的事物和现象。"换句话说,就是:"在现实中不能实现的美的观念,要由艺术作品来实现。"①

这是黑格尔美学的观点。车尔尼雪夫斯基要先对它作一点分析。

> 为了说明其中所包含的不完全的、片面的暗示的真意,我们应当将这个定义分析一下。"人有一种对美的渴望。"但是假如我们理解美,如这个定义所规定的,为观念与形式的完全吻合,那末,不单指艺术,所有人类的一般活动都可以被推断为这种对美的渴望的结果,因为人类活动的基本原则就是完全实现某种思想;渴望观念与形象统一,是一切技艺的形式的基础,这也就是渴望创造和改善一切产品或制品;把艺术当作对美的渴望的结果,我们就混淆了"艺术"这个词的两种不同的意义:一、纯艺术(诗、音乐等),和二、将任何一件事做好的技能或努力;只有后者是追求观念和形式统一的结果。②

车尔尼雪夫斯基认为,按照黑格尔的定义,不能区别艺

---

① 车尔尼雪夫斯基:《艺术与现实的审美关系》,周扬译,人民文学出版社1979年版,第89页。
② 车尔尼雪夫斯基:《艺术与现实的审美关系》,周扬译,人民文学出版社1979年版,第89—90页。

术和工艺产品。前面讨论过。

> 但是,假如把美(如我们所认为的)理解成一种使人在那里面看得见生活的东西,那就很明白,美的渴望的结果是对一切有生之物的喜悦的爱,而这一渴望被活生生的现实所完全满足了。①

按车尔尼雪夫斯基的观点,活生生的现实已经完全能够满足人们"对美的渴望"了。还要艺术做什么呢?"假如说艺术作品是我们对完美之物的渴望和对一切不完美之物的蔑视的结果,人该早就放弃一切对艺术的追求,把它当作徒劳无益的事了,因为在艺术作品中没有完美;一个不满意现实的美的人,对于艺术所创造的美就会更其不满。"②

那么,艺术何以会产生呢?车尔尼雪夫斯基说:是因为时空的变化,美的"不在"所唤起的。"我们的想象的活动不是由生活中美的缺陷所唤起的,却是由于它的不在而唤起的;现实的美是完全的美,但是可惜它并不总是显现在我们

---

① 车尔尼雪夫斯基:《艺术与现实的审美关系》,周扬译,人民文学出版社1979年版,第90页。
② 车尔尼雪夫斯基:《艺术与现实的审美关系》,周扬译,人民文学出版社1979年版,第90页。

的眼前。"①这后一句话是对艺术的发生铺了一个台阶。"生活中的美""现实的美","不在","不总是显现在我们眼前",这个空位,需要艺术来填补,虽然它不"完美"。

海是美的。当我们眺望海的时候,并不觉得它在美学方面有什么不满人意的地方;但是并非每个人都住在海滨,许多人终身没有瞥见海的机会;但是他们也想要欣赏欣赏海,于是就出现了描绘海的图画。自然,看海本身比看画好得多;但是,当一个人得不到最好的东西的时候,就会以较差的为满足,得不到原物的时候,就以代替物为满足。就是那些有可能欣赏到真正的海的人,也不能随时随刻看到它,——他们只好回想它;但是想象是脆弱的,它需要支持,需要提示;于是,为了加强他们对海的回忆,在他们的想象里更清晰地看到它,他们就看海的图画。②

看不到海的人,看海的图画以代替看海。看过海的人,看海的图画以回忆海。"这就是许多(大多数)作品的唯一目

---

① 车尔尼雪夫斯基:《艺术与现实的审美关系》,周扬译,人民文学出版社1979年版,第90页。
② 车尔尼雪夫斯基:《艺术与现实的审美关系》,周扬译,人民文学出版社1979年版,第90页。

的和作用:使那些没有机会直接欣赏现实中的美的人也能略窥门径;提示那些亲身领略过现实中的美丽而又喜欢回忆它的人,唤起并且加强他们对这种美的回忆。"①车尔尼雪夫斯基由此得出一个结论:"所以,艺术的第一个作用,一切艺术作品毫无例外的一个作用,就是再现自然和生活。"②

于是,本论文的主旨——艺术与现实的审美关系,就出来了:

> 艺术作品对现实中相应的方面和现象的关系,正如印画对它所复制的原画的关系,画像对它所描绘的人的关系。印画是由原画复制出来的,并不是因为原画不好,而是正因为原画很好;同样,艺术再现现实,并不是为了消除它的瑕疵,并不是因为现实本身不够美,而是正因为它是美的。印画不能比原画好,它在艺术方面要比原画低劣得多;同样,艺术作品任何时候都不及现实的美或伟大;但是,原画只有一幅,只有能够去参观那陈列这幅原画的绘画馆的人,才有机会欣赏它;印画却成百成千份地传播于全世界,每个人都可以随

---

① 车尔尼雪夫斯基:《艺术与现实的审美关系》,周扬译,人民文学出版社1979年版,第90—91页。
② 车尔尼雪夫斯基:《艺术与现实的审美关系》,周扬译,人民文学出版社1979年版,第91页。

意欣赏它,不必离开他的房间,不必从他的沙发上站起来,也不必脱下身上的长袍;同样,现实中美的事物并不是人人都能随时欣赏的,经过艺术的再现(固然拙劣、粗糙、苍白,但毕竟是再现出来了),却使人人都能随时欣赏了。我们为我们所珍爱的人画像,并不是为了要除去他的面貌上的瑕疵(这些瑕疵干我们什么事呢?我们并不注意它们,或者我们简直还珍爱它们),而是使我们有可能欣赏这副面孔,甚至当本人不在我们眼前的时候;艺术作品的目的和作用也是这样,它并不修正现实,并不粉饰现实,而是再现它,充作它的代替物。[①]

车尔尼雪夫斯基在这里提出了艺术发生的第一个原因:现实美的替代。因为现实自然的美虽然用不着"艺术"劳神去修饰美化,它本身就是美的,但它并不总在眼前,于是便有了艺术。"艺术的第一个作用,一切艺术作品毫无例外的一个作用,就是再现自然和生活。"

在抽出了艺术发生的原因的同时,也就揭示了"艺术与现实的审美关系":像印刷机一样,艺术"印刷"现实的美,哪怕它比现实自然的美"拙劣、粗糙、苍白",但能使没见过这

[①] 车尔尼雪夫斯基:《艺术与现实的审美关系》,周扬译,人民文学出版社1979年版,第91页。

幅自然现实之美的人"略窥门径",见过的人唤起回忆。"这就是许多(大多数)作品的唯一目的和作用"。艺术作品"不修正现实,并不粉饰现实,而是再现它,充作它的代替物"。这就是艺术与现实审美关系的本质。

车尔尼雪夫斯基这个对"艺术与现实的审美关系"的揭示,在我们今天看来,已是常识,没有什么特别深刻之处。但在他那个时代,在那个唯心主义美学盛行的时代,却是惊世骇俗之论,是富有独创性的学术成就,是用唯物主义美学颠倒唯心主义美学的开山创举。想一想我们现在仍然有许多人坚持黑格尔的自由美学观,你就能感受到车尔尼雪夫斯基当时提出这样的理论主张需要多大的学术勇气和政治勇气。

读到这里我们会疑惑,艺术还有一层"表情"功能呀,不只是现实的"再现"。这一点,车尔尼雪夫斯基在讨论音乐时就说过了,"自然的歌唱"是抒发感情的,但这种表情在现实生活中就普遍存在。如果不是现场聆听,想要欣赏音乐,也可以通过艺术作品来"再现"以"替代"。在他看来,表现情感,也是可以"再现"的。另外,他还将在讨论艺术的"第二个功能"的时候论及。

"再现现实"这个概念,似乎黑格尔提过了,是说"模拟自然"。车尔尼雪夫斯基要辨析这两个概念的不同。

再现现实与模拟自然有别[①]

车尔尼雪夫斯基用了较多的文字来比较分析这两个概念。总括起来就一个意思:这两个概念都"只规定了艺术的形式的原则",这是它们的共同点。而"再现现实"还有一层重视再现"内容"的意涵。车尔尼雪夫斯基说,这个说法"还需要加以补充,才能成为一个完满的定义"。[②] 如果不注意内容选择,什么自然现象都去模拟,不但不会产生美,还可能产生丑。"无谓地去摹拟不值得注意的内容,或是描写毫无内容的空虚的外表",[③]这正是"模拟自然说"的局限。"人自身就是目的","人的工作应当以人的需要为目的"。与人的需要无关的事物,"外表的肖似上愈成功,就愈使人厌恶。"[④]说到底,"再现现实"就是再现现实自然中的美:既要再现其"形式",也要再现生活、生命的"内容"。

形式与内容

我们现在应该补充我们上面所提出的艺术的定

[①] 车尔尼雪夫斯基:《艺术与现实的审美关系》,周扬译,人民文学出版社1979年版,第91页。

[②] 车尔尼雪夫斯基:《艺术与现实的审美关系》,周扬译,人民文学出版社1979年版,第93页。

[③] 车尔尼雪夫斯基:《艺术与现实的审美关系》,周扬译,人民文学出版社1979年版,第93页。

[④] 车尔尼雪夫斯基:《艺术与现实的审美关系》,周扬译,人民文学出版社1979年版,第94页。

义,从艺术的形式的原则之研究转到艺术的内容的定义。

通常以为艺术的内容是美;但是这把艺术的范围限制得太窄狭了。即算我们同意崇高与滑稽都是美的因素,许多艺术作品以内容而论也仍然不适于归入美、崇高与滑稽三个项目。①

车尔尼雪夫斯基用美、崇高、滑稽、悲剧等几个范畴来讨论艺术的内容,是针对黑格尔美学中的内容。他是想表达,用这些抽象的概念来指称艺术的内容,不如"生活""生命"更合适。这些美学范畴的概念很难明确艺术的内容应该表现什么。因为这些概念尚无"共识",抽象而且"太窄狭了"。远不如"生活""生命"具体而生动。车尔尼雪夫斯基认为,艺术的内容不能狭窄地说是美(黑格尔美学中与"崇高"相对的"美"),而是自然和生活中一切使"人"感兴趣的事物。

解决这个复杂问题的最简单的办法是说明:艺术的范围并不限于美和所谓美的因素,而是包括现实(自然和生活)中一切能使人——不是作为科学家,而是作

---

① 车尔尼雪夫斯基:《艺术与现实的审美关系》,周扬译,人民文学出版社 1979 年版,第 95 页。

为一个人——发生兴趣的事物；生活中普遍引人兴趣的事物就是艺术的内容。①

车尔尼雪夫斯基用几页不分段的长长的论述，就是对"艺术的内容是美"这个说法进行认真甄别的。滔滔不绝，一气呵成。他认为，说"艺术的内容是美"，没有"艺术的内容是再现生活"贴切。黑格尔美学定义的"美"说的只是艺术的"形式"，这种形式并不是艺术所独有，其他的社会产品也是"观念与形象的统一"，这与车尔尼雪夫斯基所说的"美"是"两回事"。车尔尼雪夫斯基所说的美是"现实世界中我们所喜爱的事物的美"。② 就是说，艺术再现现实中的美，就是再现"现实世界中我们所喜爱的事物"。车尔尼雪夫斯基不无自信地说："我们所采取的观点，事实上，就是说，在艺术家和诗人心里，是占有支配地位的，它经常表现在文学和生活中。"③

不过他立即指出并批评了艺术创作中滥写"美人和爱

---

① 车尔尼雪夫斯基：《艺术与现实的审美关系》，周扬译，人民文学出版社1979年版，第96页。
② 车尔尼雪夫斯基：《艺术与现实的审美关系》，周扬译，人民文学出版社1979年版，第98页。
③ 车尔尼雪夫斯基：《艺术与现实的审美关系》，周扬译，人民文学出版社1979年版，第96页。

情"的风气。"世界上什么最美呢？在人生中是美人和爱情"。① 于是在艺术内容题材中"美人和爱情"泛滥，使得艺术作品千篇一律、语言伤感甜腻、矫揉造作。他提醒诗人"生活还有更使一般人发生兴趣的其他的方面"。② 车尔尼雪夫斯基主张："艺术的范围并不限于美和所谓美的因素，而是包括现实（自然和生活）中一切能使人——不是作为科学家，而是作为一个人——发生兴趣的事物；生活中普遍引人兴趣的事物就是艺术的内容。"③

除了"再现现实"，车尔尼雪夫斯基认为，艺术还有一种功能：

艺术的另一作用是说明生活

我们说过，一切艺术作品的第一个作用，普遍的作用，是再现现实生活中使人感到兴趣的现象。自然，我们所理解的现实生活不单是人对客观世界中的对象和事物的关系，而且也是人的内心生活；人有时生活在幻想里，这样，那些幻想在他看来就具有（在某种程度上

---

① 车尔尼雪夫斯基：《艺术与现实的审美关系》，周扬译，人民文学出版社1979年版，第98页。
② 车尔尼雪夫斯基：《艺术与现实的审美关系》，周扬译，人民文学出版社1979年版，第98页。
③ 车尔尼雪夫斯基：《艺术与现实的审美关系》，周扬译，人民文学出版社1979年版，第96页。

和某个时间内)客观事物的意义;人生活在他的情感的世界里的时候就更多;这些状态假如达到了引人兴趣的境地,也同样会被艺术所再现。我们提到这一点,是为了表明我们的定义也包括着艺术的想象的内容。①

这一段看似轻描淡写,其实很重要。人的生活,不仅仅有看得见的形象和行动,也还有看不见的情感和想象。所谓"再现",是逼真地把人的生活的外在形象和行动展现出来。而对人的情感和想象的艺术展示,一般称为"表现"。车尔尼雪夫斯基不是用"表现"这个概念,而是用"说明"。所谓"说明"就是把直观形象没有显示但却深刻包含的情感、想象、思考通过艺术的语言传达出来。他说:

> 我们在上面已经说过,艺术除了再现生活以外还有另外的作用,——那就是说明生活;在某种程度上说,这是一切艺术都做得到的:常常,人只消注意某件事物(那正是艺术常做的事),就能说明它的意义,或者使自己更好地理解生活。在这个意义上,艺术和一篇纪事并无不同,分别仅仅在于:艺术比普通的纪事,特别是比学术性的纪事,更有把握达到它的目的:当事物

---

① 车尔尼雪夫斯基:《艺术与现实的审美关系》,周扬译,人民文学出版社1979年版,第100页。

被赋与活生生的形式的时候,我们就比看事物的枯燥的纪述时更易于认识它,更易于对它发生兴趣。……在诗歌作品中,一个事物或事件也许比生活中同样的事物和事件更易于理解,但是我们只能承认诗的价值在于它生动鲜明地表现现实,而不在它具有什么可以和现实生活本身相对抗的独立意义。[①]

艺术创作能把生活事实的许多杂芜的细节去除掉,只留下事物的主要特征。特别是诗,特别是文字语言的概念,诗人已经为我们剔除了一切偶然的特征,而集中在主要的特征上,使呈现于作品中的事件"更易于理解"。这就是艺术的说明的作用。

在这一节,车尔尼雪夫斯基也注意到了艺术的教育作用和认识作用。

艺术的主要作用是再现现实中引起人的兴趣的事物。但是,人既然对生活现象发生兴趣,就不能不有意识或无意识地说出他对它们的判断;诗人或艺术家不能不是一般的人,因此对于他所描写的事物,他不能(即使他希望这样做)不作出判断;这种判断在他的作

[①] 车尔尼雪夫斯基:《艺术与现实的审美关系》,周扬译,人民文学出版社1979年版,第100—101页。

品中表现出来,就是艺术作品的新的作用,凭着这个,艺术成了人的一种道德的活动。……如果一个人的智力活动被那些由于观察生活而产生的问题所强烈地激发,而他又赋有艺术才能的话,他的作品就会有意识或无意识地表现出一种企图,想要对他感到兴趣的现象作出生动的判断(他感到兴趣的也就是他的同时代人感到兴趣的,因为一个有思想的人决不会去思考那种除了他自己以外谁都不感兴趣的无聊的问题),就会为有思想的人提出或解决生活中所产生的问题;他的作品可以说是描写生活所提出的主题的著作。……于是艺术家就成了思想家,艺术作品虽然仍旧属于艺术领域,却获得了科学的意义。①

诗人或艺术家在作品中要对描写的事物作出判断。道德判断具有教化作用,科学判断具有认识作用。车尔尼雪夫斯基高度肯定这两种作用,他甚至把能够作出有水平的判断的诗人和艺术家称为"思想家",思想深刻的艺术作品并且获得了"科学"的意义。不过他仍然明确地把判断和认识的前提定位在现实生活中,定位在物质第一性上:

---

① 车尔尼雪夫斯基:《艺术与现实的审美关系》,周扬译,人民文学出版社1979年版,第101—102页。

> 科学和艺术所展示的一切都可以在生活中找到,只是在一种更圆满、更完美的形式中,具有一切活生生的细节,事物的真正意义通常就包含在那些细节里,那些细节常常不为科学和艺术所理解,而且多半不能被它们所包括;现实生活中的一切都是真实的,没有人类的各种产物所难免的疏忽、偏见等等的毛病,——作为一种教诲、一种科学来看,生活比任何科学家和诗人的作品都更完全、更真实,甚至更艺术。①

不管你认识与否,判断与否,生活就在那儿,"在一种更圆满、更完美的形式中,具有一切活生生的细节",生活"不想对我们说明它的现象,也不关心如何求得原理的结论:这是科学和艺术作品的事"。② 艺术家和诗人作为普通人,面对他所感兴趣的生活现象,所产生的情感体验、价值判断和对问题的思考,会不由自主地在作品中表达出来。这其实是艺术家、诗人在不自觉地"说明"着生活。但这"说明"是带有艺术家、诗人的个人眼光的。比之于丰富、全面、深刻的生活本身,"这结论并不完全,思想也片面,但是它们是天才人物为我们探求出来的,没有他们的帮助,我们的结论会

---

① 车尔尼雪夫斯基:《艺术与现实的审美关系》,周扬译,人民文学出版社1979年版,第103页。

② 车尔尼雪夫斯基:《艺术与现实的审美关系》,周扬译,人民文学出版社1979年版,第103页。

更片面、更贫弱。"①

　　总括我们前面所说的,我们得到了这样一个艺术观:艺术的主要作用是再现生活中引人兴趣的一切事物;说明生活、对生活现象下判断,这也常常被摆到首要地位,在诗歌作品中更是如此。艺术对生活的关系完全像历史对生活的关系一样,内容上唯一的不同是历史叙述人类的生活,艺术则叙述人的生活,历史叙述社会生活,艺术则叙述个人生活。历史的第一个任务是再现生活;第二个任务——那不是所有的历史家都能做到的——是说明生活;如果一个历史家不管第二个任务,那末他只是一个简单的编年史家,他的著作只能为真正的历史家提供材料,或者只是一本满足人们的好奇心的读物;担负起了第二个任务,历史家才成为思想家,他的著作然后才有科学价值。对于艺术也可以同样地说。历史并不自以为可以和真实的历史生活抗衡,它承认它的描绘是苍白的、不完全的,多少总是不准确或至少是片面的。美学也应当承认:艺术由于相同的理由,同样不应自以为可以和现实相比,特别是

---

① 车尔尼雪夫斯基:《艺术与现实的审美关系》,周扬译,人民文学出版社1979年版,第103页。

在美的方面超过它。①

这一段文字没有删节省略,因为比较重要,它归纳强调了三点:一、对历史和艺术的差异作了精彩的描述;历史叙述"人类"的生活、"社会"的生活,而艺术叙述"人"的生活、"个人"生活。抓住了两者的根本特点,对历史、艺术有重要的理论意义;对史学家和艺术家有明确的实践指导意义。二、历史和艺术都不仅仅是再现生活,还要说明生活。不说明生活的历史或艺术不是高水平的作品。三、不论是历史还是艺术,在现实生活面前都显得苍白甚至片面。虽然历史和艺术并提,表面上主要说历史,实际上主要说艺术:艺术不能自以为超过现实,比现实更美。

说到这里,车尔尼雪夫斯基想到了艺术一个很重要的功能特点:创造性的想象。仿佛因此艺术显得比现实更优越。他不能不对它作出交代。

> 但是,在这种艺术观之下,我们把创造的想象摆在什么地方呢? 让它担任什么角色呢? 我们不想论述在艺术中改变诗人所见所闻的想象的权利的来源。这从诗歌创作的目的就可明了,我们要求创作真实地再现

---

① 车尔尼雪夫斯基:《艺术与现实的审美关系》,周扬译,人民文学出版社1979年版,第103—104页。

的是生活的某个方面,而不是任何个别的情况;我们只想考察一下为什么需要想象的干预,认为它能通过联想来改变我们所感受的事物和创造形式上新颖的事物。①

举实际例子说明:

> 我们假定诗人从他自己的生活经验里选取了他所十分熟悉的事件(这不是常有的;通常许多细节仍然是暧昧的,为着故事首尾连贯,不能不由想象来补充);再让我们假定他所选取的事件在艺术上十分完满,因此单只把它重述一遍就会成为十足的艺术作品;换句话说,我们选取了这样一个事例,联想的干预对于它一点不需要。但不论记忆力多强,总不可能记住一切的细节,特别是对事情的本质不关紧要的细节;但是为着故事的艺术的完整,许多这样的细节仍然是必要的,因此就不得不从诗人的记忆所保留下的别的场景中去借取(例如,对话的进行、地点的描写等);不错,事件被这些细节补充后并没有改变,艺术故事和它所表现的真事之间暂时只有形式上的差别。②

---

① 车尔尼雪夫斯基:《艺术与现实的审美关系》,周扬译,人民文学出版社1979年版,第104页。
② 车尔尼雪夫斯基:《艺术与现实的审美关系》,周扬译,人民文学出版社1979年版,第104页。

这种添减非本质细节的做法，不影响客观事物的真实性。只是形式上有了点差别。

但是想象的干预并不限于这个。现实中的事件总是和别的事件纠缠在一起，不过两者只有表面的关联，没有内在的联系；可是，当我们把我们所选取的事件跟别的事件以及不需要的枝节分解开来的时候，我们就会发现，这种分解在故事的活的完整性上留下了新的空白，诗人又非加以填补不可。不仅如此：这种分解不但使事件的许多因素失去了活的完整性，而且常常会改变它们的性质，——于是故事中的事件已经跟原来现实中的事件不同了，或者，为了保存事件的本质，诗人不得不改变许多细节，这些细节只有在事件的现实环境中才有真正的意义，而被孤立起来的故事却阉割了这个环境。[1]

使纠缠于生活中的其他事件中的某件事独立出来进行"再现"，必然会发生两种改变：一、细节的改变；二、环境的改变。

---

[1] 车尔尼雪夫斯基：《艺术与现实的审美关系》，周扬译，人民文学出版社1979年版，第104—105页。

由此可见，诗人的创造力的活动范围，不会因为我们对艺术本质的概念而受到多少限制。但是，我们研究的对象是：艺术是客观的产物，而不是诗人的主观活动；因此，探讨诗人和他的创作材料的各种关系在这里是不适宜的；我们已指出了这些关系中对于诗人的独立性最为不利的一种，而且认为按照我们对艺术的本质的观点来看，艺术家在这方面并没有失去那不是特别属于诗人或艺术家，而是一般地属于人及其活动的主要性质——即是只把客观现实看作一种材料和自己的活动场所，并利用这现实，使它服从自己这一最主要的人的权利和特性。[①]

虽然有上述的两个改变，凸显了艺术创作中的"创造性想象"的重要作用，但并没有改变生活中的人——诗人和艺术家也是人——利用客观现实和场所服务于自己目的的特性。所以"艺术是客观的产物，而不是诗人的主观活动"这个结论没有改变。

在其他情况之下，创造的想象甚至有更广阔的干预的余地：譬如说，在诗人并不知道事件的全部细节的

---

① 车尔尼雪夫斯基：《艺术与现实的审美关系》，周扬译，人民文学出版社1979年版，第105页。

时候,以及在他仅仅从别人的叙述中知道事件(和人物)的时候,那叙述总是片面的、不确实的,或是在艺术上不完全的,至少在诗人个人看来是这样。但是,结合和改变事物的必要,并不是因为现实生活没有以更完美的形式呈现出诗人或艺术家想要描写的现象,而是由于现实生活的描画和现实生活并不属于同一个范围。这种差别导源于诗人没有现实生活所有的那些手段任他使用。当一个歌剧被改编成钢琴谱的时候,它要损失细节和效果的大部分和最好的部分;在人类的声音中或是在全乐队中,有许多东西根本不能转移到被用来尽可能再现歌剧的可怜的、贫弱的、死板的乐器上来;因此,在改编中,有许多需要更动,有许多需要补充,——不是希望把歌剧改编得比原来的形式更好,而是为了多少弥补一下歌剧改编时必然遭到的损失;不是因为要改编者改正作曲家的错误,而只是因为他没有作曲家所有的那些手段供他使用。现实生活的手段和诗人的手段差别更大。翻译诗的人,从一种语言译成另一种语言,一定要在某种程度上改造所译的作品,那末,把事件从生活的语言译成贫乏的、苍白而死板的诗的语言的时候,怎能不需要一些改造呢?[1]

---

[1] 车尔尼雪夫斯基:《艺术与现实的审美关系》,周扬译,人民文学出版社1979年版,第105—106页。

上述内容列出的改变,是诗人和艺术家在创作中经常发生的,自然而然的。但是要把它与"现实与艺术"的关系联系起来却比较费力。我们只能认为,这种改变总是会对现实自然中的美有所减损。

车尔尼雪夫斯基创作过文学作品,有写作的亲身体验。在这里总结介绍了艺术创作中"创造性想象"的重要性和作用。说明艺术创作中想象和对现实生活的改变是必要的、必然的。这其实也补充了他前面所坚持的"艺术再现生活现实"的观点。就是说,艺术不仅仅纯客观地再现生活现实,也有主观的创造性的"想象"对之进行"补充"或"改造",不然达不到"故事的艺术的完整"。这多少有点贬低艺术的意思,但为了理论的自洽,他认为是必要的。车尔尼雪夫斯基说:

> 这篇论文的实质,是在将现实和想象互相比较而为现实辩护,是在企图证明艺术作品决不能和活生生的现实相提并论。像作者这样来评论艺术,岂不是要贬低艺术吗?——是的,假如说明艺术在艺术的完美上低于现实生活,这就是贬低艺术的话;但是反对赞扬并不等于指摘。科学并不自以为高于现实;这并不是科学的耻辱。艺术也不应自以为高于现实;这并不会屈辱艺术。科学并不羞于宣称,它的目的是理解和说明现实,然后应用它的说明以造福于人;让艺术也不羞

于承认,它的目的是在人没有机会享受现实所给与的完全的美感的快乐时,尽力去再现这个珍贵的现实作为补偿,并且去说明它以造福于人吧。

让艺术满足于当现实不在时,在某种程度内来代替现实,并且成为人的生活教科书这个高尚而美丽的使命吧。

现实高于幻想,主要的作用高于空幻的希求。①

人类之所以创造艺术,"目的是在人没有机会享受现实所给与的完全的美感的快乐时,尽力去再现这个珍贵的现实作为补偿,并且去说明它以造福于人",这是艺术得以发生的根本原由。这是车尔尼雪夫斯基对艺术起源的最终回答。

到这里,他也回答了,艺术与现实的审美关系,即:美不是概念与形象的统一,美是人的现实自然中的生活与生命。美不仅仅存在于艺术中,更普遍存在于现实自然中。现实自然中的美是第一性的,艺术美不过是现实自然中的美的再现和说明,是人类审美生活中的替代品,是低于自然美的。如果没有人对幸福生活与健康生命即美的追求,也就不会创造艺术。

---

① 车尔尼雪夫斯基:《艺术与现实的审美关系》,周扬译,人民文学出版社1979年版,第106页。

第十章　车尔尼雪夫斯基十七条结论

如果没有认真读完前面的论述,这里罗列的理论要点是不能全部理解的。当你仔细读完前面的论述,这些要点就比较清楚了。

结论[①]

作者的任务是研究艺术作品与生活现象之间的审美关系的问题,并且考察那种认为真正的美(那是被视为艺术作品的主要内容的)不存在于客观现实中,而只能由艺术来体现的流行见解是否正确。和这个问题密切联系着的,是美的本质和艺术的内容的问题。在研究什么是美的本质的问题的时候,作者达到了"美是生活"这个结论。作了这样的解答之后,就必须研究按照美的通常定义,被假定为美的两个因素的崇高与悲剧的概念,必须承认,崇高与美是两个彼此独立的艺术对

---

① 结论部分引文见车尔尼雪夫斯基:《艺术与现实的审美关系》,周扬译,人民文学出版社1979年版,第106—109页。

象。这是解决艺术内容问题的一个重要步骤。但是假如美是生活,那末,艺术中的美与现实中的美之间的审美关系的问题,就迎刃而解了。达到艺术决非起源于人对现实中的美不满这个结论之后,我们必须发见产生艺术的要求是什么,必须研究艺术的真正作用。这个研究使我们达到了如下的主要结论:

一、"美是一般观念上在个别现象上的完全显现"这个美的定义经不起批评;它太广泛,规定了一切人类活动的形式的倾向。

车尔尼雪夫斯基在这里算是把他的整个写作思路捋了一遍。他没有明确指出,黑格尔美学关于艺术美和自然美的观念是"唯心主义"的,是错误的。他只说它"经不起批评",而且找了一个很轻微的理由:不能区别艺术和人类的其他活动的形式。谅这不至于引起答辩教授们的过度反感。

二、真正的美的定义是:"美是生活。"——任何东西,凡是人在那里面看得见如他所理解的那种生活的,在他看来就是美的。美的事物,就是使人想起生活的事物。

如我们前面指出的:"Прекрасное естъ жизнъ"可以翻

成"美是生活",也可以翻成"美是生命"。后一句的"生活"（жизнъ）,翻成"生命"更为贴切。

三、这种客观的美,或是本质上的美,应该和形式的完美区别开来,形式的完美在于观念与形式的统一,或者在于对象完全适合于它的使命。

他强调:他提出的关于美的定义,是美本质,是客观存在的。应与黑格尔美学的定义"观念与形式的统一"区别开来。

四、崇高之影响人,决不在于它能唤起绝对观念;它几乎任何时候都不会唤起它。

崇高以它的客观特点而存在,崇高不是如黑格尔美学所说"唤起无限"的观念。

五、一件东西,凡是比人拿来和它相比的东西都大得多,或是比任何现象都强有力得多,那在人看来就是崇高的。

给"崇高"下个定义。

六、悲剧与命运或必然性的观念并没有本质的联系。在现实生活中,悲剧多半是偶然的,并不是从先行因素的本质中产生的。艺术使悲剧具有的那必然性的形式,是通常支配艺术作品的"结局必须从伏线中产生出来"这一原则的结果,或是诗人对命运观念的不适当的服从的结果。

"必然性"是黑格尔悲剧理论的根本特性。没有必然性就显不出规律性,显不出"绝对精神"的预定性,因而也就不可能是"绝对精神的显现"。车尔尼雪夫斯基反对这种必然性悲剧观,他认为生活中的悲剧多半是偶然的。

七、按照新的欧洲文化的概念,悲剧是"人生中可怕的事物"。

这个关于悲剧的定义论证其实并不充分,因此难以作为一个众所认同的悲剧定义。

八、崇高(以及它的因素——悲剧)不是美的一种变形;崇高与美的观念完全是两回事;它们之间没有内在的联系,也没有内在的矛盾。

这等于把崇高排除在了美学理论研究的范围之外,这并没有得到学界的接受。实际上,两者是有联系的——都是被欣赏的对象,必然有相同的东西在。

九、现实比起想象来不但更生动,而且更完美。想象的形象只是现实的一种苍白的,而且几乎总是不成功的改作。

现实美高于艺术美。现实美是第一性的,艺术美只是艺术美的再现和说明。

十、客观现实中的美是彻底地美的。

任何艺术作品的美都比不过客观现实中的美。因此美学不能仅仅研究艺术美,也不能仅仅依据艺术的特点来定义美。

十一、客观现实中的美是完全令人满意的。

创作艺术并不是因为客观现实的美不能令人满意。

十二、艺术的产生,决不是由于人有填补现实中的美的缺陷的要求。

现实的美本身并无缺陷,艺术美的产生不是为了填补现实美的缺陷,而是另有原因。

十三、艺术创作低于现实中美的事物,不只因为现实所引起的印象比艺术创作所引起的印象更生动,从美学观点来看,艺术创作也低于现实中的美的事物,正如低于现实中的崇高、悲剧和滑稽的事物一样。

艺术创作虽然有创造性的想象,但仍然达不到现实自然中美的丰富、生动、真实。无论诗人如何努力,都不可能把现实生活中的美的内容尽显笔下。

十四、艺术的范围并不限于美学意义上的美——活的本质上的美而不只是形式的完美;因为艺术再现生活中引人兴趣的一切事物。

"美学意义上的美"指的是黑格尔美学所说的"美",只是"形式的完美",而这里所说的"活的本质上的美"则是车尔尼雪夫斯基定义的美,即生活和生命。所以艺术既要显现形式,也要再现内容,这内容就是生活中"引人兴趣"的一切事物。

十五、形式的完美(观念与形式的统一),并不只是美学意义上的艺术(纯艺术)所独有的特点;作为观念与形象的统一或观念的完全体现的美,是最广泛的意义上的艺术或"技巧"所追求的目的,也是人类一切实际活动的目的。

凡是人的"实践活动"创造的作品,之前都有一定的观念设计,创造出来的实物,一定与这个观念相统一,这个实物可以是艺术,也可以不是艺术。

十六、产生美学意义上的艺术(纯艺术)的要求,是和画人的肖像这件事所明白显露出来的要求相同的。画一个人的肖像,并不是因为活的本人的面貌不能满足我们,而是帮助我们去想起不在我们眼前的活人,并且给那些没有机会看见他本人的人一点关于他的概念。艺术只是用它的再现使我们想起生活中有兴趣的事物,努力使我们多少认识生活中那些引人兴趣而我们又没有机会在现实中去亲自体验或观察的方面。

艺术虽然远不及现实自然中的美,但它可以跨时空存在,能满足不在现场的人的审美要求,它也能在不同的时间唤起人对曾经观赏过的现实美的回忆。

十七、再现生活是艺术的一般性格的特点,是它的本质;艺术作品常常还有另一个作用——说明生活;它们常常还有一个作用:对生活现象下判断。

车尔尼雪夫斯基明面上只强调了艺术的"再现"功能,明确说是艺术的"本质"。但是不论是在论文行文中,还是在这里,我们都能感觉到,车尔尼雪夫斯基也看到了,艺术还有"表现"功能,即,表现人对生活的认识、感受和情感体验。只是,这些认识、感受和体验必须以看得见的方式"再现"出来。

第十一章　导读结语

车尔尼雪夫斯基完成了他的创举,为美的本质找到了一个崭新的定义。他把美学从黑格尔的唯心主义美学,改变到人本主义的唯物主义的美学,为美学找到了一个新的坐标系,确定了一个新的逻辑起点:人的生活、生命。明确提出了"Прекрасное естъ жизнъ":"美是生活""美是生命",一扫以往"美"总是笼罩在抽象、玄幻、思辨中的理论迷雾,使"美"如同"美"这个概念一样,一下子明朗、优雅、楚楚灵动地展现在我们面前,使我们瞬间触摸到了让人类追寻了两千年的"美本身"怦怦跳动的脉搏。伴着这种感觉,车尔尼雪夫斯基这个名字,马上被我们记住了。他除了提出了一个新的美本质定义,有如下七个方面,是他做出的历史性的贡献:

一、高举唯物主义哲学大旗构建新的美学,并开展对黑格尔唯心主义美学的有力批判。在车尔尼雪夫斯基的时代的俄国,唯心主义美学盛行,黑格尔哲学—美学不但在德国产生了巨大影响,也在欧洲和世界产生了巨大影响。随着费尔巴哈唯物主义哲学的出现和对他黑格尔哲学的批判,对黑格尔美学的反思亦随之出现。但尚没有人跳出黑格尔哲学的思路框架来对美学作深入的反思。车尔尼雪夫斯基是第一个跳出黑格尔客观唯心主义思想框架论美的思想家、哲学家和美学家。虽然其学位论文对黑格尔美学的清理尚欠透彻,但他已准确刨到了黑格尔美学的客观唯心主义的深根,为新的唯物主义美学的构建和发展奠下了第一块基石。

二、从认识论美学向价值论美学的转向。美不是概念的显示,不是一种认识,美是对象对人的生命、生活需要的满足,是一种价值。这种转向,使得美感有了属人的前提和依据,美学真正走向独立。从鲍姆嘉通建立美学,沿康德,到黑格尔,甚至到别林斯基,他们都坚持以一种认识论的观点论美。审美不过是认识的一种特殊阶段、特殊环节或特殊方式,使得艺术和审美总是无法与科学、哲学分别开来。特别是黑格尔美学,坚持美是理念的显现,是用有限的形象显现"绝对精神"的"无限"和"自由",因此无论审美还是创造美,都把精神的"无限""自由"的特性展示置于首位,远远脱离于人的审美实际。到车尔尼雪夫斯基,这种观念改变了,虽然不能一时彻底地改变,但至少,他提出了一种思考美学问题的新的方向——他的观点被后来越来越多的人接受。美不只是达成一种认识,而更是一种价值,美是能够满足人类生活、生命需要的一种具有极高价值的对象。

三、为自然美正名。如果审美只是一种认识,艺术所承载的认识功能必然远远高于自然。如果审美是满足生活与生命的需要,自然中不仅普遍存在着美,而且比艺术中存在的美更美,因此,它理应是美学研究的主要对象。黑格尔认为自然无美,即使有也非常微弱,只有艺术有美,美学就是艺术哲学。车尔尼雪夫斯基的论文从他的"美是生活""美是生命"的定义出发,可以说是系统地、扫描似的照亮了自然中的美,使得现实自然的美在我们面前变得无比亮丽,在美学研究中不可忽视。从此,美学研究对象中的一大类别——自然美正式确立。由它发展出了环境美学、生态美学、身体美学等等美学分支。

四、为美感的产生找到了人的心理的依据。美感不是第六感官的感觉,不是特殊的认识和判断,而是一种生命的满足感。虽然康德说审美判断是一种情感判断,但情感判断的根据是什么,由于他坚持美与功利无关,所以他解释不了情感判断的内涵和根据。黑格尔也解决不了美感产生的根据。观照理念如何能产生美感?他只是用"自由"和"无限"来作答。他说:"无论就美的客观存在,还是就主体欣赏来说,美的概念都带有这种自由和无限;正是由于这种自由和无限,美的领域才解脱了有限事物的相对性,上升到理念和真实的绝对境界。"[①]人为什么看到"绝对精神"的"自由"和"无限"就会感到愉悦呢?黑格尔美学并没有下文。于是

---

① 黑格尔:《美学》第一卷,朱光潜译,商务印书馆1979年版,第148页。

有人提出,等五十年甚至一百年后由现代心理科学来解答。车尔尼雪夫斯基美学则不用。他切实地感觉到,美感与生活中其他快感,在性质上是一样的,只是强弱不同。美感的产生是由于对象对人的生命需要的满足。这与心理学的研究一致,也与审美的实际情况相符。同时,由于生命的生活需求是有限度的,不是"自由无限"的,因此,人对美的追求是有限度的,超过限度,就会厌腻和疲倦。虽然他没有直接使用"审美疲劳"这个概念,但他注意到并多次在行文中直接说出来:审美也会"疲倦"和"厌腻"。这个关于美感的思想,值得我们重视并深入研究。

五、美不是一成不变的。不论是艺术美还是自然美,都会因时间的推移而产生变化。因为人的生活会因时代的变化产生相应的变化。同一个对象在不同时代的解读也是不一样的。因此,每个时代都需要新的美产生,以满足人的新的审美要求。这对美的创新、艺术创新,是一个富有哲学—美学性质的指导和支持。

六、他对人的美作出了符合实际的关注与思考。他多次表述,人的美是自然中最美的。但人的美的本质何在?他的回答显然就是,人的美就美在符合自然规律,符合生活需要的健康、正常的生命。劳动阶级的美和上流社会的美的标准是不同的,但也都是符合车尔尼雪夫斯基提出的美本质定义的。他根据美是生活、生命的原理,明确提出了青春的美是人人都肯定的。而黑格尔等则认为人的美美在其精神,美在自由。车尔尼雪夫斯基的理论是一种以唯物主义美学对于客观唯心主义美学理论的翻转或颠覆。

七、他提出了审美是站在个人的立场上进行,美感是个人的情感体验,不是代表全人类进行的。这一点看似不重要,其实很重要。站在"类"的立场上立论美学,还是站在个人审美的立场上立论美学,得出的结论会远远不同。前者看似宏观大气,眼界开阔,"为天地立心,为生民立命",但抽象立论,既不可证实也不可证伪。而立足于个人论美则可以根据自身的审美体验进行描述,可以证实也可以证伪。正因为立足于个人的审美体验,我们才能真正感受到车尔尼雪夫斯基"美是生活"的理论魅力。他说:"我们认为:人的一切活动不是趋向于'绝对',并且他对'绝对'毫无所知,心目中只是有各种纯人类的目的而已。在这一点上,人的美的感觉和活动,是与他的别的感觉和活动完全类似的。……因此,我们作为不能越出个体性范围的个体的人,是很喜欢个体性,很喜欢同样不能越出个体性范围的个体的美的。……从个体性是美的最根本的特征这个思想出发,自然而然就会得出这样的结论:'绝对的准则是在美的领域以外的'"。[1]就是说,每个人的审美活动,都是他站在他自己的立场上,个人地完成的。他的美感、他的判断,完

---

[1] 车尔尼雪夫斯基:《艺术与现实的审美关系》,周扬译,人民文学出版社1979年版,第54页。

全是他站在他自己的立场上实现的。他的审美不代表任何别人。不同的人之所以有共同的美感,是因为人性、人的生命追求具有共同性。"从经验中知道 similis simili gaudet(同声相应,同气相求。)"。① 而我们许多人在论美时,往往是全人类的代言人。其中没有个人的审美感受,也没有个人的审美追求。有的,只是全人类"整体"与美的"整体"的抽象关系,亦即黑格尔的"绝对"。这使得美学至今难以对具体的审美对象进行符合美的规则的解析。

当然,由于时代的局限性,车尔尼雪夫斯基美学也存在两个较大的问题。

一、车尔尼雪夫斯基所主张的美是"生活""生命",侧重人的生物生命,或者说人的物质生命。他没有意识到,人的生命早已不同于动物的生命。把人的生命局限在物质性的生物生命上论美,这是继承费尔巴哈的哲学所必然形成的人本主义唯物主义的认识。这也是中西文化自古以来对生命的传统认识。其实黑格尔谈到过"精神生命",费尔巴哈论宗教讲的也是人的"精神生命"。车尔尼雪夫斯基在他的行文里也描述到精神生命,比如他说:"现实生活不单是人对客观世界中的对象和事物的关系,而且也是人的内心生活;人有时生活在幻想里,这样,那些幻想在他看来就具

---

① 车尔尼雪夫斯基:《艺术与现实的审美关系》,周扬译,人民文学出版社1979年版,第54页。

有(在某种程度上和某个时间内)客观事物的意义;人生活在他的情感的世界里的时候就更多;这些状态假如达到了引人兴趣的境地,也同样会被艺术所再现。"[1]只有注意到了人的"精神生命",才可能了解到艺术和宗教其实是满足人的精神生命的需要的精神食粮。人的物质生命在自然界得到了满足,自然界有普遍存在的美。但人的精神生命需要艺术提供精神食粮来满足。艺术中普遍存在的美,也是对人的生活与生命的肯定。但他为了反对黑格尔的唯心主义,对他提到的"精神生命"直接无视,很可惜。人的生命在进化中并不停留于生物进化,人的进化产生了"文化进化"。他进化出了与物质生命相对应的精神生命,进化出了人所特有的社会生命。人成了一个三重生命的统一体。如果说美是生活、美是生命是正确的话,一定要把人的生命的这些变化考虑进来才能全面地解释人的生命需要和生命满足。车尔尼雪夫斯基因为历史和思想发展的局限,并未及时地看到这一点,因此,他的理论更容易受到"不能与动物的生命区别开来"的诟病。他也因此轻易把前人立足于人的精神性和精神生命、立足于人的社会性和社会生命获得的某些有价值的成果置于视线之外,以至于把崇高、悲剧置于"美"之外,把建筑、歌唱等置于艺术之外。

---

[1] 车尔尼雪夫斯基:《艺术与现实的审美关系》,周扬译,人民文学出版社1979年版,第100页。

二、黑格尔的哲学属于客观唯心主义哲学,他把世界的本原确定为"绝对精神",并且宇宙的变化就是为了展现和证明这个"绝对精神"的"无限"和"自由",注定了它难以真正认识和解释世界。但是黑格尔哲学有一个非常有价值的贡献,就是他的辩证法。他把世界看成是一个动态变化的过程,而且循着一种"对立统一"、"质量互变"和"否定之否定"规律发展变化。这是对世界变化规律的一个有创见的发现和总结。这对于宇宙世界的动态变化有极大的认识力和解释力,对人类实践也有极大的指导作用。只可惜他把世界的本原找错了、颠倒了。但这个辩证法,被马克思学到并掌握了。而这一点恰好被费尔巴哈连同黑格尔的唯心主义一并否定并丢弃了。他提出了他的人本主义的唯物主义哲学,立足于物质的、人的视角,重新解释宗教,重新解释世界,令人耳目一新。马克思也接受了他的唯物主义世界观,同时结合黑格尔的辩证法,形成马克思主义的辩证唯物主义和历史唯物主义,远远超越了黑格尔哲学和费尔巴哈哲学,成为迄今最为先进的世界观和方法论。而比马克思年轻十岁,远在俄国的车尔尼雪夫斯基只接受了费尔巴哈的人本主义的唯物主义。他和费尔巴哈一样,也没有看到黑格尔辩证法的真正价值,也把黑格尔的辩证法连同他的唯心主义一同丢弃了。因此在他的思想中,人的生活和生命,有至高无上的地位。但这个生命,与动物的生命本质上是没有区分开来的。他没有考虑,人的生命与动物的生命有无不同,有什么不同,这个变化对人的生命与生活会带来什么样的影响。如果他能考虑到这一层,他对美的论述和分析就会全面、圆满得多。

正是因为他不是联系地、动态地、辩证地看问题,对丑、美、崇高、滑稽、悲剧等范畴的讨论就是静止和孤立的,有些地方甚至出现矛盾。对几个艺术门类——建筑、雕刻、绘画、音乐、诗歌——的分析也存在同样的问题。在思考艺术起源时,他认为只是因为现实自然有不周到的时候、时空错位的时候,艺术是作为一个替代品或说明书产生的。按照这样的逻辑,艺术在人类的生活中就是可有可无的。事实上人的精神生命的刚性需要催生了宗教和艺术。艺术在人类生存中是必然发生、必然存在并且将伴随人类的存在而存在的。艺术是为满足人的精神生命的需要创造出来的。犹如狩猎、养殖和种植,是为了满足人的生物生命的需要产生的一样。如果考虑到这一层,他就不会仅仅为了否定"概念与形象的统一"这个唯心主义定义而对艺术如此地不屑和贬低了。

不过,车尔尼雪夫斯基提出的"Прекрасное естъ жизнъ"("美是生活""美是生命")仍然是一个划时代的天才的发现。在人人都以区隔于动物为荣,以"理性""精神"为尚,以上帝为尊的时代,敢于把人的生命作为美的本质,不惧怕被视为与动物同类,甚至不惧怕——从个人功利考虑——这篇论文在"精神""理性""上帝"这种封建贵族意识形态仍然强势的时代可能通不过，这是需要莫大的学术勇气和理论智慧的。因为无论前人所重视的人的精神时空有多么博大，不论前人在"精神"和"精神生命"的领地上精心耕耘了多久，它的根，仍然是系在人的物质生命——生物生命上的。剪除了或脱离了这个根，人的审美活动的许多现象和道理是无从解释的。这一点，被车尔尼雪夫斯基敏锐地捕捉到并智慧地揭示出来了。他第一次把人的审美体验置于人的生命追求之上，第一次把"揭示和证明某个概念"的认识论美学，改变成了"满足人的生命需求"的价值论美学。生活与生命，成了美学理论可以在其上进一步展开的逻辑起点。这个逻辑起点，在车尔尼雪夫斯基之前没有人理直气壮地提出过、系统地思考过。车尔尼雪夫斯基立足于这个起点，轻松地解决了自然美、审美、美感、人体美等方面一系列的重要问题。而这些问题恰恰又是我们的现代美学绕过来绕过去就是难以捋清的问题。这个贡献，没有人可以无视和否认。

附：主要参考书目

1. 《马克思恩格斯选集》，人民出版社 1972 年版。
2. 《马克思恩格斯全集》第 42 卷，人民出版社 1979 年版。
3. 黑格尔《小逻辑》，贺麟译，商务印书馆 1982 年版。
4. 黑格尔《美学》，朱光潜译，商务印书馆 1982 年版。
5. 《费尔巴哈哲学著作选集》，荣震华等译，商务印书馆 1984 年版。
6. 梯利《西方哲学史》，葛力译，商务印书馆 1995 年版。
7. 罗素《西方哲学史》下卷，马元德译，商务印书馆 1986 年版。
8. 撒穆尔·伊诺克·斯通普夫、詹姆斯·菲泽《西方哲学史》，邓晓芒、匡宏等译，北京联合出版公司 2019 年版。
9. 莱辛《拉奥孔》，朱光潜译，人民文学出版社 1979 年版。
10. 鲍桑葵《美学史》，张今译，商务印书馆 1985 年版。
11. 凯·埃·吉尔伯特、赫·库恩《美学史》，夏乾丰译，上海译文出版社 1989 年版。

12. 朱光潜《西方美学史》,人民文学出版社 1979 年版。

13. 阎国忠主编《西方著名美学家评传》,安徽教育出版社 1991 年版。

14. 姜丕之《马克思与黑格尔》,中国青年出版社 1983 年版。

15. 戴维·麦克莱伦《青年黑格尔派与马克思》,夏威仪等译,商务印书馆 1982 年版。

16. 冒从虎《德国古典哲学——近代德国的哲学革命》,重庆出版社 1984 年版。

17.《车尔尼雪夫斯基文学论文选》,辛未艾译,上海译文出版社 1998 年版。

18. 车尔尼雪夫斯基《艺术与现实的审美关系》,周扬译,人民文学出版社 1979 年版。

19. Н. Г. УЕРНЫШЕВСКИЙ《ЭСТЕТИУЕСКИЕ ОТНОШЕНИЯ ИСКУССТВА К ДЕЙСТВИТЕЛЬНОСТИ》ГОСУЛАРСТВЕННОЕ ИЗЛАТЕПЬСТВО ХУДОЖЕСТ-ВЕННОИ ЛИТЕРАТУРЫ МОСКВА 1955(车尔尼雪夫斯基《艺术与现实的审美关系》,莫斯科国家文学艺术出版社 1955 年版)。

20. 潘知常《生命美学》,河南人民出版社 1991 年版。